Vivir en
equilibrio

Vivir en equilibrio

9
principios
para crear
hábitos
que concuerdan
con sus deseos

Doctor Wayne W. Dyer

HAY HOUSE, INC.
Carlsbad, California
London • Sydney • Johannesburg
Vancouver • Hong Kong • New Delhi

Derechos reservados de autor © 2006 por Wayne W. Dyer

Publicado y distribuido en los Estados Unidos por: Hay House, Inc., P.O. Box 5100, Carlsbad, CA 92018-5100 • *Teléfono:* (760) 431-7695 ó (800) 654-5126 • *Fax:* (760) 431-6948 ó (800) 650-5115 • www.hayhouse.com

- *Editora de Wayne Dyer:* Joanna Pyle
- *Supervisión de la editorial:* Jill Kramer
- *Diseño:* Jenny Richards
- *Traducción al español:* Adriana Miniño (adriana@mincor.net)
- *Título del original en inglés:* Being in Balance: 9 Principles for Creating Habits to Match Your Desires

ISBN: 978-1-4019-1111-9

Impresión #1, Marzo 2007

Impreso en los Estados Unidos de América

◆ ◆ ◆

Para mi hermano David.
Nos hemos equilibrado mutuamente
a través de todas las épocas difíciles.
Te amo.

◆ ◆ ◆

Contenido

Introducción
◆ xi ◆

Capítulo 1
Bosques infinitos yacen dormidos
en el interior de los sueños de una bellota

◆ 1 ◆

Capítulo 2
La vida es mucho más que
hacerla ir más rápido

◆ 19 ◆

Capítulo 3
Usted no puede besar su propia oreja

◆ 39 ◆

Capítulo 4
Sus adicciones le dicen: "Nunca tendrás
suficiente de lo que no deseas"

◆ 61 ◆

Capítulo 5
Usted no es *lo* que come; es lo que
cree que es cuando come

◆ 83 ◆

Capítulo 6
No puede descubrir la luz
analizando la oscuridad

◆ 103 ◆

Capítulo 7
Luchar contra cualquier condición
adversa sólo incrementa el poder
de esta condición sobre usted

◆ 127 ◆

Capítulo 8
El amor es lo que queda cuando
el enamoramiento se desvanece

◆ 149 ◆

Capítulo 9
La Tierra está colmada del Cielo

◆ 169 ◆

Acerca del autor
◆ 187 ◆

"Desear es como un gigante que
crece cuyo abrigo del tener
jamás fue lo suficientemente
largo como para cubrirlo..."

— RALPH WALDO EMERSON

Introducción

El concepto de equilibrio define a nuestro universo. El cosmos, nuestro planeta, las estaciones, el agua, el viento, el fuego y la tierra están todos en perfecto equilibrio. Nosotros somos la única excepción.

En este libro intento ayudarlos a restaurar este equilibrio natural en todos los aspectos de su vida. Equilibrarse no es tanto adoptar nuevas estrategias para cambiar sus conductas, es más cuestión de realinearse en todos sus pensamientos para crear un equilibrio entre su deseo y la forma como conduce su vida a diario.

Cuando mi editora terminó de leer este libro, me garabateó estas palabras en una hoja: "Wayne, *¡Vivir en equilibrio* es fantástico! Nadie puede leer este libro sin sentirse revitalizado. Hasta yo me siento de nuevo en equilibrio." Confío en que usted tendrá la misma sensación de despertar glorioso al equilibrio perfecto del universo mientras lee y adopta los nueve principios. Eso es precisamente lo que tenía en mente al permitir que estas ideas fluyeran a través de mí y se materializaran en este libro.

Me encanta este libro. Me encanta como se siente en mis manos y me encanta el mensaje que tiene para ustedes. Es mi deseo que use estos principios todos los días para restaurarse en ese lugar perfectamente equilibrado del cual ha emanado.

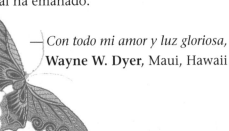

— *Con todo mi amor y luz gloriosa,*
Wayne W. Dyer, Maui, Hawaii

Capítulo uno

Bosques infinitos
yacen dormidos
en el interior
de los sueños
de una bellota

(Equilibrar sus deseos
con sus hábitos)

"El más grande de los logros fue original-
mente y durante un tiempo un sueño. El
roble duerme en la bellota; el pájaro en el
huevo, y en la visión más elevada del alma,
un ángel muy alerta, se agita. Los sueños son
los semilleros de las realidades..."

— JAMES ALLEN

"La verdadera imaginación no es ensueño
antojadizo; es fuego celestial."

— ERNEST HOLMES

*U*no de los desequilibrios más inmensos en la vida es la disparidad entre su existencia diaria, con sus rutinas y sus hábitos, y el sueño que lleva en lo más profundo de su ser de encontrar una forma de vida extraordinariamente satisfactoria. En la frase que inicia este capítulo, James Allen nos explica de manera poética que el suelo es el reino mágico del cual emana la vida recién creada. Sepultada en su interior yace una capacidad ilimitada para la creación, lo cual Allen llama *un ángel muy alerta* que está ansioso por plantar los semilleros que le harán cumplir sus sueños y su destino. No pude resistir las ganas

de incluir la cita de Ernest Holmes describiendo a esa imaginación dinámica como
"fuego celestial." Ambas citas son invitacio-
nes y recordatorios apropiados para que usted
se incline hacia este fuego consumidor, su
sueño interno, si le parece importante vivir
una vida equilibrada.

Cómo se manifiesta
en su vida este desequilibrio

Esta ausencia de equilibrio entre sus sueños y sus hábitos puede ser muy sutil. No se
revela a sí misma necesariamente en los síntomas obvios de acidez estomacal, depresión,
enfermedades o ansiedad, es a menudo algo
que se siente como un compañero indeseado
a su lado, el cual le susurra continuamente
que usted está ignorando algo. Hay como un
cometido o una experiencia con frecuencia
no identificable que le advierte que su percep-

ción es parte de su existencia. Puede parecer intangible, pero usted puede sentir el anhelo de ser lo que se supone que sea. Siente que hay un compromiso más elevado; de que su *estilo de vida* y su *razón de vivir* están en desequilibrio. Hasta que no le preste atención, este visitante sutil seguirá aguijonéandolo hasta que obtenga su equilibrio.

Imagínese una balanza con un lado más inclinada hacia abajo que el otro, como un columpio con un niño obeso de un lado y un niño delgaducho del otro. En este caso, el lado más pesado que inclina la balanza sacándola de equilibrio es el niño que tiene sobrepeso representando sus conductas diarias; su trabajo, el lugar en donde reside, las personas con quienes interactúa, su localidad geográfica, los libros que lee, y las conversaciones que llenan su vida. No es que alguna de estas cosas sea mala por sí misma. El desequilibrio existe porque ellas no son saludables para *su* vida en particular, ellas simplemente no engranan con lo que usted había imaginado para usted. Cuando no es saludable, es malo, y usted lo percibe en algún nivel. Cuando vive su vida *manteniendo las apariencias,* puede lucir conveniente, pero el peso de su descontento crea un desequilibrio tremendo en la única vida que usted tiene ahora mismo.

Usted se siente perplejo por un sentimiento de insatisfacción que lo carcome, es una sensación instintiva de vacío, la cual no logra remover. Se manifiesta cuando está dormido profundamente y sus sueños están llenos de recordatorios de lo que a usted le encantaría hacer, pero luego se despierta y regresa para seguir con esa rutina que lo hace sentir más seguro. Sus sueños también le llaman la atención durante la vigilia, cuando usted se muestra petulante y discute con los demás, porque en realidad está tan frustrado con usted mismo que trata de aliviar la presión desfogando su ira hacia el exterior. El

desequilibrio se disfraza bajo una sensación
de frustración con su estilo de vida actual.
Si se permite pensar en ese "fuego celestial,"
procede a racionalizar su estado actual con
explicaciones y divagaciones mentales, las
cuales usted sabe en su corazón que son
excusas porque no cree tener las herramientas necesarias para obtener su equilibrio.

Podría llegar a un punto en donde se
convierte en alguien cada vez más severo
hacia sí mismo y comienza a buscar medicinas y otro tipo de tratamientos para tratar
de aliviar la sensación de que no pertenece
a ningún lugar, y es a esto que denomi-
nan *depresión*. Seguramente que se ve a sí
mismo cada vez más y más contrariado y
melancólico, con episodios cada vez más
frecuentes de aflicciones menores tales como
resfriados, dolores de cabeza e insomnio.
Con el paso del tiempo bajo este estado
de desequilibrio, siente menos entusiasmo
hacia esto en que ahora se ha convertido: el

dolor de vivir. El trabajo es ahora todavía más rutinario, con menos motivación y aliciente. Ese aburrimiento comienza a aparecer en su conducta hacia su familia y hacia sus seres queridos. Se irrita con facilidad, molestando a los demás sin razón aparente. Si es capaz de ser honesto consigo mismo, reconoce que su irritabilidad se deriva de su falta de equilibrio con el sueño más elevado que siempre ha tenido, pero el cual ahora se desvanece en apariencia.

Cuando estos síntomas sutiles salen a la superficie, es crucial explorar el tipo de energía que usted le está proporcionado a la balanza para equilibrarla, o en este caso, para desequilibrarla. La fuerte angustia está ladeando hacia abajo su razón de vivir, pero usted es la única persona que puede reequilibrar esta balanza de su vida. A continuación le ofrezco algunas herramientas para regresar a su vida equilibrada, comenzando por reconocer los medios con los cuales se está saboteando a sí mismo.

La energía mental que imposibilita la manifestación de sus sueños

Su deseo de ser y de vivir en la grandeza es un aspecto de su energía espiritual. Con el fin de crear el equilibrio es esta área de su vida: usted tiene que usar la energía de sus pensamientos para armonizarla con su deseo. Su energía mental atrae lo que piensa. Los pensamientos que le rinden homenaje a la frustración atraen frustración. Cuando usted dice o piensa algo similar a *No hay nada que yo pueda hacer; mi vida se me ha salido de mis manos y estoy atrapado,* esto es lo que atraerá, o sea, ¡resistencia a sus deseos más elevados! Cada pensamiento de frustración es como comprar un boleto para mayor frustración. Cada pensamiento que concuerda con que está atrapado es como pedirle al Universo que le envíe *más* de ese pegamento para *mantenerlo* atrapado.

La herramienta más importante para estar en equilibrio, es saber que *usted y únicamente usted, es responsable por el desequilibrio entre lo que sueña que debería ser su vida y los hábitos diarios que le están impidiendo cumplir con ese sueño en su vida.* Usted puede crear una nueva alineación con su energía mental e instruir al universo para que le envíe oportunidades para corregir este desequilibrio. Cuando lo hace, descubre que mientras el mundo de la realidad tiene sus límites, el mundo de su imaginación no conoce las fronteras. De esta imaginación sin fronteras, brota el semillero de una realidad que ha estado pidiendo a gritos ser restaurada hacia su entorno de equilibrio.

Restaurar el equilibrio

El objetivo de este principio es crear un equilibrio entre sus sueños y sus hábitos. La forma menos complicada de comenzar es reconocer las señales de los hábitos de su manera de ser, y luego aprender a cambiar sus pensamientos para equilibrarlos con sus sueños. Entonces, veamos, ¿cuáles son sus sueños? ¿Qué es aquello que reside en su interior y que jamás se ha alejado? ¿Cuál es esta lucecita nocturna que sigue brillando, aunque sea como una chispa tenue, en sus pensamientos y en sus sueños? Sea lo que sea, por muy absurdo que le parezca a los demás, si desea restaurar el equilibrio entre sus sueños y sus hábitos, debe hacer un cambio en la energía que está aportando a sus sueños. Si está en desequilibrio, es principalmente porque le ha permitido energéticamente a sus hábitos que definan su vida. Estos hábitos, y la consecuencia que de ellos se deriva, son el resultado de la energía que usted les está aportando.

En las primeras fases del proceso de reequilibrio, concéntrese en la conciencia de este principio: *Usted obtiene lo que piensa, lo quiera o no.* Comprométase a pensar en lo que desea, en vez de lo difícil o imposible que ese sueño pudiera ser. Proporcióneles a sus sueños personales un lugar en donde colocarse en la balanza para que pueda verlos en su imaginación y puedan impregnarse de la energía que merecen. Los pensamientos son energía mental, son la divisa con la cual usted cuenta para atraer sus deseos. Debe aprender a dejar esas divisas de los pensamientos que no desea, aunque se sienta impulsado a seguir su conducta habitual. Su cuerpo podría seguir, por un tiempo, quedándose en donde se ha entrenado a estar, pero mientras tanto, sus pensamientos están alineándose con sus sueños. La famosa escritora del siglo XIX Louisa May Alcott, expresa esta idea de forma alentadora y estimulante:

En la lejanía de un rayo de sol están
mis más elevadas inspiraciones.
Podría no alcanzarlas, pero puedo mirar
hacia lo alto y ver la belleza,
creer en ellas e intentar seguir el camino
al cual ellas conducen...

Optar por restaurar el semblante del equilibrio entre sus sueños y sus hábitos parece posible si se tienen en mente las frases de la señora Alcott: "mirar hacia lo alto y ver," y "creer en ellas." Las palabras dan la vida a la alineación energética. En vez de poner sus pensamientos en lo que es, o en lo que ha pensado toda su vida, comience ahora a ver hacia lo alto y a observar y a creer firmemente en lo que ve. Cuando comienza a pensar de esta manera, el universo conspira para trabajar con usted, y le envía precisamente lo que está pensando y en lo que está creyendo. No siempre pasa de forma instantánea, pero una vez que se inicia la alineación en sus pensamientos, comienza a estar en equilibrio.

El hábito de pensar en alineación con sus sueños

Oscar Wilde expresó en una ocasión "todos vivimos en el fango, sólo que algunos miramos las estrellas.". Este es un ejemplo perfecto de lo que significa alinear su visión y sus pensamientos para que estén en equilibrio con la percepción de lo que usted piensa que vino a hacer aquí. Un pensamiento como *"es mi intención crear un lugar para ayudar a los niños menos privilegiados"* es en realidad un mensaje al universo. Si usted siente intensamente que vino a este mundo con un propósito en particular, entonces debería cultivar la energía para concordar con este deseo. No importa cuáles sean las circunstancias de su vida. Su situación financiera es irrelevante cuando se trata de perseguir sus sueños. La presencia de una multitud de personas negativas no debería interferir en su camino, ni hacerlo dudar que puede atraer su llamado. Lo que está haciendo para equilibrar su vida con sus sueños es comenzar a co-crear su vida.

Co-crear es cooperar usando la energía del campo invisible del espíritu. Es equilibrar perfectamente su llamado en el mundo con la energía pura de la creación. Usted emula este campo creativo al parecérsele en lo más posible. Esto involucra su determinación de contemplarse como un ser equilibrado atrayendo las condiciones que desea manifestar. *Es en la contemplación de este poder que usted en verdad lo adquiere.* Vuelva a leer esta frase hasta que le quede grabada para siempre. Usted no puede manifestar un lugar para niños menos privilegiados contemplando lo *imposible* de que ocurra. Incluso si está en el fango, tiene la opción de mirar a las estrellas. Esto significa tener pensamientos estelares y rechazar el peso de aquellos que atraen el fango. Su punto de equilibrio es una certeza que usted afirma con pensamientos tales como *lo sé, lo deseo, viene en camino, nada puede detenerlo, y no hay nada que me pueda alterar.*

Esta alineación cambiará por completo el mundo a su alrededor. El universo trabaja bajo la Ley de la Atracción. Usted comenzará a ver al universo conspirando con usted para atraerle a las personas, las finanzas y los eventos en apariencia sincronizados, todo ellos apropiados para convertir sus sueños en realidad, aquí y ahora. Cuando usted está en equilibrio con pensamientos de que merece esta cooperación del mundo del Espíritu, se empeña activamente en traerlos a su vida. Comienza a disfrutar la claridad de estar en equilibrio con la energía creativa de la vida. Ya no es posible sentarse a quejarse o a sentirse frustrado. ¡Está lleno de energía! ¿Por qué? Porque está en equilibrio con la Fuente de toda la creación. Y tal como ella, tiene acceso a la creatividad atrayendo todo lo que necesita con sus pensamientos. No es posible que funcione si está en un estado de desequilibrio e inconformidad; si está viviendo lleno de temor o esperando lo peor.

La misma lógica de realineación para equilibrar la energía de sus sueños con sus hábitos diarios funciona con cualquier cosa que sea capaz de imaginar: escribir y producir su propio álbum de música, entrenar caballos, adoptar un niño en un país pobre, poseer su propio hogar en el campo, obtener el trabajo que siempre se le ha escapado, ganar el suficiente dinero como para salir de deudas, correr una maratón... Usted escoge su meta, y si puede soñar con ella, puede lograrla. Pero sólo si alinea su energía creativa interna, sus pensamientos, para que puedan concordar perfectamente con sus deseos. Los pensamientos que refuerzan los hábitos actuales que son incompatibles con sus deseos, deben ser reemplazados con energía alineada.

Nadie lo ha dicho mejor que Jesús de Nazaret: "Creed que podéis recibir y recibiréis." ¿Por qué razón en este mundo alguien viviría una vida en oposición a una sabiduría de tal equilibrio?

Capítulo dos

La vida es mucho más que hacerla ir más rápido

(Equilibrar su deseo para disfrutar la vida con su necesidad de realizar logros)

"Uno de los síntomas de que se aproxima una crisis nerviosa es la creencia en que el trabajo propio es terriblemente importante..."

— BERTRAND RUSSELL

"Conforme uno más avanza hacia Dios, menos Él te dará deberes mundanos para que realices..."

— RAMAKRISHNA

2

La clave para equilibrar su deseo de estar en paz con su necesidad de realizar logros, metas, y para ganarse la vida, está en reconocer que no existe el estrés; sólo hay personas teniendo pensamientos estresantes. En verdad es así de sencillo. Cuando usted cambia la manera de procesar el mundo, cambia el mundo que usted procesa.

El estrés es un trabajo interno. Usted no puede llenar un recipiente con estrés, porque la tensión no es un artículo o un objeto físico. No es una *cosa* que usted pueda señalar y decir: *¡Ahí está, esto es estrés!* Sencillamente no existe en esa forma. No obstante, 112 millones de personas en los Estados Unidos toman medicinas relacionadas con los síntomas del estrés, los cuales incluyen fatiga, palpitaciones, indigestión, diarrea, estreñimiento, nerviosismo, comer más de lo necesario, brotes, comerse las uñas, pérdida de apetito, insomnio, ansiedad, irritabilidad, pánico, mal humor, pérdida de la memoria, incapacidad de concentración, úlceras, conductas obsesivas y compulsivas, sentirse molesto... Y la lista es casi interminable. Y todo esto es causado por algo que no existe en el mundo físico.

Estar en desequilibrio en este asunto del estrés da como resultado los millones de personas que toman medicinas para lidiar con los síntomas listados anteriormente. Significa que usted a menudo se siente exasperado porque nunca disfruta verdaderamente la vida para la cual trabaja tan arduamente. Puede sentir con frecuencia como si se pasara la vida corriendo sin cesar en una máquina caminadora. Todas las presiones de trabajar y de luchar en la vida pueden tener muchas recompensas mundanas, sin embargo siente al mismo tiempo que esto no lo conduce a ningún lugar.

Si esto le suena familiar, es una señal para que comience a reconsiderar los métodos de procesar pensamientos respecto a su vida y a su trabajo, y para que comience a buscar la forma de liberarse de los síntomas del estrés para equilibrarse. No es necesariamente cuestión de cambiar sus conductas. Por supuesto que usted podría dedicarse a actividades menos estresantes tales como la meditación, hacer ejercicios, caminar por la playa y cualquier cosa que le produzca el efecto buscado. Pero si continúa alineándose con lograr más, vencer la competencia, ganar a toda costa, e ir cada vez más rápido porque usted cree que esta es la forma de perseverar, entonces tiene garantizado que atraerá el equivalente vibratorio de esta manera de pensar en su vida, ¡aunque haga yoga y se pare en la cabeza recitando mantras todos los días!

La reducción del estrés es cuestión de realinearse

Usted se convierte en lo que piensa cada día. También se convierte en cómo lo *piensa* todo el día. Para medir el peso de sus pensamientos, debe pensar en términos de vibración y energía. Supongamos que tiene el deseo de frecuencia elevada de ser una persona sin síntomas de estrés. Asignémosle a este pensamiento un 10 en una escala del 1 al 10, con el pensamiento de menor energía de 1 representando una crisis nerviosa, y un 10 representando el dominio de la paz y de la iluminación.

Enseguida, debe advertir los pensamientos que tiene que apoyan su deseo de tener una vida plácida libre de estrés. Pensamientos tales como *me siento abrumado, nunca tengo tiempo suficiente, hay tantas personas que me necesitan que no tengo tiempo ni para pensar, tengo más de lo que puedo manejar, y me siento presionado por la necesidad de ganar dinero para pagar mis cuentas,* no son equilibrados ni pacíficos. Estos pensamientos crean resistencia a la energía, lo cual antagoniza con su deseo de una existencia pacífica y libre de estrés. En otras palabras, no están alineados y están en desequilibrio. Su deseo podría ser un 10 pero su energía mental en esta situación está en un rango mucho más bajo, quizás un 2 o un 3.

Cambiar simplemente su conducta no lo llevará de nuevo a estar en equilibrio. Usted seguirá atrayendo síntomas de estrés aunque les diga no a las personas y a sus exigencias, si sigue vibrando a una frecuencia que piensa: *debería en verdad estar haciendo lo que me piden,* o *quizás pueda arreglármelas para hacer lo que me piden más tarde.* Puede ser que haya logrado deshacerse de una agenda demasiado apretujada y frenética, y sin embargo, continúa irradiando pensamientos de miedo y de escasez que activarán la Ley de Atracción para que ésta le traiga miedo y escasez.

Si los pensamientos de estrés están inclinando la balanza, eso es lo que le trae la Ley de Atracción. Recuerde: *¡Usted se convierte en lo que piensa!* Si piensa en escasez o en ira o miedo, ¿adivine qué sucede? ¡Esto es precisamente lo que la Ley de Atracción atrae! Aunque tenga una agenda bien balanceada que le deje más tiempo libre, y aunque realice muchas actividades que reduzcan su estrés en su calendario personal ahora menos apretado, si no logra alinear sus pensamientos con el éxito que es capaz de atraer, el peso de los pensamientos dominantes inclinarán la balanza hacia el lado opuesto de una vida equilibrada. La forma en que vive su vida permanece en desequilibrio, y no habrá logrado asimilar la esencia del consejo de Gandhi que dice: "hay cosas más importantes en la vida que hacerla ir más rápido."

Lo más importante que debe aprender es cómo crear la concordancia entre lo que desea en su vida y entre los pensamientos o la

energía vibratoria por los cuales está optando
para atraer dichos deseos.

Realinear su punto de atracción:
El arte de la conversión

Esta es una de mis citas favoritas del maestro
indio Nisargadatta Maharaj:

> No hay nada que hacer. Sólo ser.
> No hagas nada. Sé.
> No hay que escalar montañas y sentarse
> en cavernas. Ni siquiera te digo
> "Sé tú mismo" ya que no te conoces. Sólo sé.

Esta idea puede contradecir todo lo que le
han enseñado y cómo ha vivido hasta ahora
su vida, pero deje que la idea penetre en su
mente de todas maneras. Si el inventario de
ideas y normas de toda su vida ha contribuido
a que usted sea uno de esos 112 millones

que usan medicinas para lidiar con un estrés no existente, puede ciertamente darse el lujo de considerar esta idea. Al comenzar a practicar los principios de realinearse con una vibración que concuerde con su deseo de llevar una vida pacífica y tranquila, comenzará a estar más consciente de sus pensamientos. Sus pensamientos determinan literalmente quién es usted. Y el hecho de que esté leyendo estas palabras sugiere que está interesado en convertirse en una persona más consciente de sus pensamientos.

Ser y *convertirse* son aquí sinónimos. Con el fin de restaurar una sensación de equilibrio entre su deseo de tranquilidad y su deseo de cumplir con los requisitos en su vida, debe practicar *convertirse en,* y *ser* la vibración de su deseo.

— **Ser paz:** La paz no es algo que uno llega a recibir cuando reduce el ritmo de su vida. La paz es lo que usted es capaz de ser y de traer en cada encuentro y evento durante los momentos de vigilia de su vida. La mayoría de nosotros emprendemos una escaramuza interna imparable con cada persona que encontramos en nuestro camino. Ser pacífico es una actitud interna que puede disfrutar cuando ha aprendido a silenciar su incesante diálogo interno. Ser pacífico no depende de cómo luce su medio ambiente. Prácticamente no tiene nada que ver con lo que las personas que lo rodea piensan, dicen o hacen. Tampoco es indispensable un ambiente sin ruido.

La famosa oración de San Francisco de Asís lo expresa mejor de lo que yo puedo hacerlo: "Hazme un instrumento de tu paz." En otras palabras, San Francisco no le estaba pidiendo a Dios que le proveyera paz. Le estaba pidiendo guía para ser más como la paz que él confiaba era su Fuente. *Ser paz* es distinto a *buscar paz*.

Este principio no trata meramente de seleccionar pensamientos tranquilos cuando se siente molesto o ansioso. Le sugiero que se imagine un envase profundo en su interior del cual fluyen sus pensamientos. En el interior de este envase, en su puro centro, imagínese la llama de una vela. Debe comprometerse a que esta llama en el centro del envase que contiene todos sus pensamientos, no deberá nunca jamás tan siquiera fluctuar, aunque le suceda lo peor ante sus propios ojos. Este es su envase de paz, y solamente pensamientos pacíficos pueden avivar la vela ardiente. No tiene que cambiar sus pensamientos tanto como tiene que aprender a ser una energía de paz iluminando el camino y atrayendo pensamientos y seres serenos y armoniosos. De esta manera, se convertirá en un ser de paz.

Obviamente, usted lleva consigo este envase donde quiera que vaya. Cuando las personas intentan presionarlo de algún modo, cuando se siente abrumado, o cuando surgen situaciones que anteriormente lo incitaban al sufrimiento o a la belicosidad, usted puede girarse de inmediato hacia esa llama de paz y ver cómo puede mantener brillando su luz. Esto es *ser* la paz que desea para sí mismo. Esto es ofrecer una vibración correspondiente con sus deseos de ser un ser tranquilo y amistoso, en vez de una persona que sufre de la enfermedad de tratar que todo suceda con mayor rapidez. Ya ha visto los resultados de esa locura, y ha advertido los síntomas de estrés en prácticamente todas las personas que ha conocido.

Siendo un ser de paz, tiene un gran impacto sobre las personas que lo rodean. Es casi imposible estar totalmente estresado en la presencia de alguien que ha optado por *ser paz*. La paz es una energía más rápida y más elevada, cuando usted es paz, tan sólo su presencia a menudo anula la incomodidad y la tensión de aquellos que lo rodean. De hecho, este estado origina que emanen de su interior ferohormonas de energía medible. Ellas afectan a los demás, quienes se vuelven más pacíficos sin siquiera notar la transformación que se está llevando a cabo. El secreto de este principio de restaurar el equilibrio en su vida es: *Ser la paz y la armonía de su deseo*. Usted no puede obtener esto de nada ni de nadie más.

Si siente que todavía no está listo para aceptar el profundo consejo de Nisargadatta, entonces trabaje en *convertirse* en ese ser con la luz interior de una vela con una llama constante. A continuación encontrará algunos ejercicios para convertirse en un ser pacífico:

**Desee la paz que quiere para usted
e incluso más para los demás**

Practique ofrecer paz a donde quiera que vaya, visualizando que sólo hay pensamientos de paz en su envase interior. Ofrezca esta energía donde quiera que pueda. Conviértase en un pacifista con sus colegas, con los miembros de su familia, y especialmente con aquellos con quienes tiene una relación amorosa. Deje fuera a su ego, en donde éste no pueda extinguir su llama. Luego ofrézcale a alguien con quien usualmente discute o se lleva mal, un nuevo pensamiento desde la luz: *Estás diciendo algo interesante; lo pensaré.* O, *gracias por darme tu opinión; valoro lo que me dices.* Estas frases podrían sorprender primero al receptor, pero usted sabe que está practicando convertirse en un ser de paz ofreciendo lo que desea.

Pida

Use las palabras de San Francisco para pedir convertirse en paz: *hazme un instrumento de tu paz.* El acto de pedir, aunque usted no obtenga una respuesta inmediata, alterará el equilibrio hacia convertirse en la paz que desea. Una vez que lo ha pedido, encontrará que le ha sido otorgado más rápidamente de lo que había sospechado. Este es un proceso de suspender su ego y permitir que las energías más elevadas y más espirituales sopesen hacia su fin de convertirse en alguien más equilibrado.

Desacelérese

Tómese su tiempo. Le sugiero que recree las citas de Ramakrishna y de Bertrand Russell que se encuentran al comienzo de este capítulo. Colóquelas en donde pueda verlas constantemente para que se conviertan en parte de su ser. Su trabajo no es terriblemente importante... Sus deberes mundanos no son terriblemente importantes... Asegúrese que la primera y más importante prioridad en su vida sea *estar en equilibro con la Fuente de la Creación*. Use su juicio en su tiempo ya desacelerado e invite a la Divinidad a que sea parte de su vida. Ser la paz que desea, significa convertirse en una persona tranquila cuyo punto de equilibrio no atrae síntomas de ansiedad o de estrés.

Haga esfuerzos conscientes y deliberados para desacelerarse relajando su mente. Tómese un poco más de tiempo para disfrutar su vida aquí en este planeta. Sea más contemplativo notando las estrellas, las nubes, los animales, las tormentas y todo el mundo de la naturaleza. Y luego, extienda la misma energía amorosa y desacelerada a todas las personas. Comience con su familia, tómese unas horas adicionales para juguetear con sus niños, para escuchar sus ideas o leerles una historia. Vaya a dar un paseo con su ser más amado y dígale lo mucho que aprecia que él o ella sea parte de su vida.

Extienda esta perspectiva desacelerada hasta su lugar de trabajo, su comunidad e incluso a los extraños. Haga un esfuerzo deliberado por darle a alguien su lugar en la fila, en vez de correr para ser el primero. Sea consciente de sus esfuerzos por ser la paz que desea y por vivir en equilibrio, incluso cuando está conduciendo. Al desacelerar sus pensamientos y decidir disfrutar más de su vida, detenga su auto ante un semáforo en amarillo en vez de acelerar para pasar antes de que cambie a rojo. Conduzca conscientemente a un ritmo tranquilo, en vez de correr frenéticamente para llegar a algún lugar dos minutos antes. Deje pasar a los demás en medio del tráfico, siendo cortés en vez de tener la razón.

Todas estas son maneras de comenzar el proceso de realineación. Hágase consciente de su deseo de estar en paz, y luego corresponda los pensamientos de sus momentos actuales con ese deseo. Será más compasivo sin tratar de serlo, simplemente porque habrá alineado su mundo interno con su deseo de estar en equilibrio. Descubrirá que su cuerpo se siente más en equilibrio mientras usted se dedica a esta búsqueda gloriosa, al experimentar menos síntomas de estrés. Su peso corporal se ajustará al nivel óptimo mientras usted regresa a un estado de equilibrio perfecto. Su piel reflejará el equilibrio y la paz en las cuales se está convirtiendo. Su digestión retornará a lo normal sin la ayuda de medicinas. Sus patrones de sueño se ajustarán. Sus intestinos funcionarán de la forma en que están diseñados para hacerlo. En pocas palabras, usted estará en perfecto equilibrio.

No solamente estará en equilibrio, sino que lo más irónico de todo será que se volverá más productivo, La abundancia fluirá más en su vida mientras se siente en paz por primera vez desde que era un niño. Acepte el consejo de mi maestro Nisargadatta Maharaj: *¡Sólo sé!*

Haga el intento y le prometo que quedará plácidamente sorprendido.

Capítulo tres

Usted no puede besar su propia oreja

(Equilibrar la manera de cómo se ve a sí mismo con lo que proyecta hacia el mundo)

"No me importa lo que los demás piensen
sobre lo que yo hago, pero sí me importa
mucho lo que pienso sobre lo que hago.
¡Esto es tener carácter!"

— TEODORO ROOSEVELT

"Es preferible ser odiado por lo que eres,
que ser amado por lo que no eres."

— ANDRÉ GIDE

3

La cita de apertura de Teodoro Roosevelt es a la vez imponente e irónica en extremo. Su punto de equilibrio es a menudo analizado por aquellas personas a quienes usted respeta y en quienes confía. Usted puede optar aquí por una elección excepcionalmente valiosa. Preocuparse únicamente por sus propias valoraciones personales sobre su conducta o sus acciones, a expensas de lo que los demás piensen, puede causarle desequilibrio. No estoy sugiriendo en modo alguno que las opiniones o las críticas, incluso las alabanzas de los demás, lo inmovilizan, lo alteran o lo halagan. Demasiado énfasis en lo que los demás piensen puede significar que la alabanza o la crítica sean parte de la inclinación de la balanza hacia el desequilibrio. Lo que sigue es un ejemplo personal que ilustra lo que deseo expresar.

Recuerdo perfectamente el primer año que fui maestro de la universidad en una temporada de verano en Wayne State University en 1970. Un pequeño grupo de estudiantes diplomados estaba haciendo una presentación a la clase como parte de los requisitos de su último curso, y yo estaba ahí sentado, desconcertado por algo que parecía muy divertido. Finalmente, conforme más y más estudiantes observaban mi reacción a la presentación, quedé totalmente atónito al caer en cuenta de lo que estaba sucediendo: ¡Me estaban imitando! Un alumno había bajado su cinturón para exponer una postura severa con el vientre protuberante colgando debajo del cinturón. Otros alumnos del grupo hablaban en voz excesivamente alta y gesticulaban

a lo loco, mientras que al mismo tiempo gara-
bateaban signos indescifrables en el tablero.

Y ahí estaba yo, observándome *a mí
mismo* como era, un ser aparentemente de
buena condición, en una manera que estaba
en total contraste a como yo me veía y a
lo que estaba proyectando ante el mundo.
Todavía llevo en mi memoria ese pequeño
episodio, 35 años más tarde. Fue casi inme-
diatamente después de esta experiencia, que
tomé la decisión deliberada de salir para siempre de ese vientre protuberante y de ponerme
en óptima forma física. También aprendí a las
malas, al haber sido el blanco de una parodia,
a ser un maestro menos dogmático en mis
clases.

En realidad, podemos aprender mucho
sobre la manera en que somos percibidos por
los demás si somos capaces de asimilar lo que
vemos. Ha sido mi experiencia, particular-
mente ayudando a la crianza de ocho hijos,
que hay un tremendo desequilibrio entre la

manera cómo nos vemos y la manera cómo nos percibe el resto del mundo. Hacerse consciente de esta disparidad puede ser útil en extremo para llevar una vida más satisfactoria y equilibrada. Es obvio que usted no desea basar toda su existencia en lo complaciente que puede llegar a ser con todas las personas que lo rodean. Sin embargo, un individuo equilibrado, es libre para tomar la decisión de cambiar algo si se siente incómodo ante reacciones que puedan ser poco halagadoras.

Cómo luce este desequilibrio

Quizás la pregunta más importante al respecto es: *¿Cómo desea usted ser percibido en este mundo?* Cualquiera que responda diciendo que no le importa en lo absoluto, está tratando de vivir con los anteojos puestos, y con seguridad esto sería un estilo de vida poco equilibrado. ¡Claro que a usted sí le importa! En algunos casos, su pura subsistencia depende de la respuesta a esta pregunta. Usted desea disfrutar sus relaciones con los demás de manera alegre, festiva, íntima, cariñosa, servicial, atenta, afectuosa y considerada. Es natural en todas las relaciones entre humanos desear ofrecer y recibir estas emociones y sentirse conectados los unos con los otros.

Si también desea una conciencia espiritual, entonces debe estar más en armonía con su Fuente espiritual. Ella es una Fuente de amor, amabilidad, alegría, belleza, carente de criticismo, creativa e infinitamente abundante. Si desea personificar todas estas cualidades, pero todos los demás lo perciben de forma totalmente distinta, entonces es muy probable que esté viviendo una ilusión y seguirá por ende en un estado de desequilibro.

La respuesta a cómo desea ser percibido en el mundo es, en su más sencilla expresión:

Deseo ser visto como una persona sincera. Usted desea que la verdad de lo que usted cree que es, concuerde con lo que está proyectando hacia el exterior. Si no lo logra, se da cuenta de ello, incluso en el caso que opte por ignorarlo. Este desequilibrio sale a flote en sus interacciones diarias, manifestándose en sentimientos de enojo, de desánimo, confusión y a menudo, incomprensión. *Mis intenciones son buenas, entonces ¿por qué es que nadie parece notarlo? y trato de ser un buen empleado, un buen padre, un buen ciudadano, un buen esposo, pero parece que siempre me malinterpretan o me juzgan equivocadamente.* Esto origina un estado permanente de frustración e incluso hasta ira. Su estado de ansiedad o tristeza dice: *Sé que soy una buena persona con buenas intenciones, pero parece que nadie se da cuenta de esto.*

Usted debe tomar la decisión de realinearse energéticamente y lograr que la balanza se equilibre entre la idealización de su ser y la realización de su ser, tal como lo percibe la mayoría de las personas en su vida.

Restaurar el equilibrio
por medio de la realineación

Cuando equilibra lo que desea ser con lo que está recibiendo, se origina el sentimiento claramente agradable de sentirse en armonía con la vida. No es cuestión de buscar la aprobación o de implorar respeto o amor. Es más cuestión de estar en el mundo de una manera congruente con su deseo interno de ser la clase de persona que usted es.

Esto se logra advirtiendo primero cuando se siente percibido erróneamente, luego determinando si sus palabras y sus acciones concuerdan con la verdad de sus pensamientos internos. Esta verificación de su alineación terminará por ofrecerle, eventual y casi automáticamente, una lectura que compara lo que está proyectando hacia el exterior con lo que está deseando internamente expresar. Observemos por un momento los siguientes índices, teniendo en cuenta que cada pensamiento que tiene sobre usted mismo tiene un componente energético.

Estas son algunas de las cualidades más obvias que describen lo que usted cree de sí mismo. Revise estos elementos, teniendo en cuenta que su objetivo es equilibrar lo que está proyectando por medio de sus interacciones y conductas diarias con la verdad que yace en su interior. Esta verificación de alineación requiere de honestidad personal así como de la voluntad de experimentar una humildad radical en el proceso.

— *Soy un ser humano amoroso.* Si usted desea y cree que esto es cierto respecto a sí mismo, entonces lleva más de dos terceras partes del camino recorridas hacia su equilibrio en este principio. Su deseo de ser una persona amorosa, y al mismo tiempo su verdad de que usted *es* una persona amorosa, solamente deja un tercer elemento: cómo lo perciben los demás. Si usted se siente incomprendido o carente de cariño, entonces antes de que pueda equilibrar perfectamente la balanza, debe determinar si ese ser humano amoroso que usted siente que es y desea ser, es visto como tal por los demás.

Estas son algunas maneras de ser que son contraproducentes a ser percibido como un ser humano amoroso y crean desequilibrio:

- ◆ Una posición férrea de odio hacia alguien o hacia algún grupo de personas, muestra que usted está en desequilibrio.

- ◆ Violencia en cualquier forma, incluyendo arranques verbales agresivos, muestra que usted está en desequilibrio.

- ◆ Apoyar el diseño de armas productoras de explosiones capaces de aniquilar a millones de personas, muestra que usted está en desequilibrio.

◆ Disfruta al recrearse observando películas que muestran odio y muerte, muestran que usted está en desequilibrio.

◆ Menospreciar verbalmente las creencias ajenas insistiendo en que las suyas son superiores, muestra que usted está en desequilibrio.

Con el fin de realinearse para crear el equilibrio que desea, busque las reacciones de las personas más importantes en su vida. Pregúnteles si usted pasa por ser el ser humano amoroso que cree ser. Luego comience el proceso de supervisar sus pensamientos para ver si ellos corresponden con su autorretrato. Y finalmente, deje que sus pensamientos de amor se conviertan en la fuerza impulsora de sus conductas no amorosas. Esto es la verdadera alineación.

Comience por observar el mundo como un espejo que refleja exactamente lo que usted es. Si usted es un ser humano amoroso, el mundo le parecerá un lugar lleno de amor, y así sera como usted lo percibe. Habrá restaurado su equilibrio y en consecuencia, no habrá discrepancia entre la forma en que usted se ve y lo que el mundo le está reflejando. Si el mundo sigue luciendo como un lugar sin amor e insoportable, le sugiero que siga examinando el tipo de energía que está procesando hacia fuera.

— *Soy un ser humano amable.* Usted no puede ser amable hacia mí y descortés con su mesero... y estar en equilibrio. Cuando extiende continuamente arrogancia hacia el exterior en dirección a las personas, incluso si siente que sus acciones son justificadas, así es como es percibido y definido. Debe saber que usted no es visto como una persona equilibrada y amable.

Puede ser posible que usted sea el ejemplo más claro de amabilidad en la forma como trata a sus hijos y a su abuela, e incluso a todos los niños y a todas las abuelas del mundo. Pero si usted le toca la bocina de su auto con el rostro enrojecido de ira a una abuela que conduce muy lento mientras lleva a sus nietos a la escuela, entonces usted está bastante, pero *bastante lejos* de estar en equilibrio. La discrepancia entre su ser idealizado y la forma en que los demás lo perciben es enorme, y esto creará un verdadero sentimiento de desequilibrio en su interior que puede manifestarse como un desorden de la personalidad. Usted sabe que no está viviendo en integridad con lo que usted dice que es y otras personas están señalándolo cada vez con mayor frecuencia.

Usted es la única persona responsable de tomar la decisión de generar una concordancia vibratoria con su deseo de ser visto como un ser humano amable, y puede comenzar a advertir cuando se siente fuera de sintonía con ese deseo: puede cancelar un pensamiento desconsiderado justo cuando comienza y decidir en un instante que será armonioso. Puede detenerse en el momento en que esté maldiciendo a alguien y elevar sus pensamientos hacia la amabilidad. Si se ve a sí mismo como una persona amable, entonces pase conscientemente un tiempo del día alineando sus pensamientos con su deseo. El Universo cooperará atrayéndole a su vida más y más de la misma amabilidad.

— *Soy un ser humano alegre y feliz.* En esta categoría, sus sentimientos son la medida a la cual tiene que prestarle atención. De hecho, ellos requieren su total atención. ¿Se siente bien la mayor parte del tiempo, o es una persona que busca ocasiones para ofenderse? ¿Se siente feliz y contento, o se enoja fácilmente debido a la conducta de los demás? ¿Pasa de la alegría rápidamente al desespero cuando lee el periódico o escucha las noticias? ¿Piensan las personas a su alrededor que usted es en verdad una persona feliz en su vida diaria? ¿Escucha con frecuencia a los demás diciéndole "tranquílizate" o "cálmate" y "deja de sufrir por tan poca cosa"? Estas son pistas que indican el desequilibrio, o el desequilibrio entre la forma en que usted se ve y lo que proyecta hacia los demás. La verificación de alineación para este principio involucra advertir sus sentimientos y su habilidad para sustentarlos, así como las reacciones de las personas en quienes confía.

Usted es una persona alegre si vive alegre, ofrece alegría cada vez que puede, y logra que aquellas personas a su alrededor se sientan alegres en su presencia. Aquí vemos algunas sugerencias para restaurar el equilibrio en este principio:

◆ Comprométase a buscar la alegría en todas partes.

◆ Haga comentarios alegres cada vez que le sea posible.

◆ Acérquese a los demás con buen
humor, incluso si al principio tiene
que fingirlo.

◆ Enfrásquese en un frenesí de gratitud, en vez de discutir todo lo malo
de este mundo.

◆ Use cada oportunidad que pueda
para irradiar alegría.

Si usted puede lograr que la alegría sea
su forma habitual de responderle al mundo,
restaurará su equilibrio en la balanza de cómo
se ve y de cómo perciben los demás su actitud
de gratitud hacia la vida. Si usted proyecta
energía que resulta en que los demás se sientan maltratados, incómodos, y no deseando
estar a su lado, entonces usted está simplemente en desequilibrio. Si usted no tiene muy
claro su efecto en los demás, haga un inventario de las personas que están dispuestas a ser

honestas con usted, y descubra por sí mismo si su percepción personal concuerda con la reacción de estas personas.

— *Soy un ser humano que no critica.* Si usted en verdad es una persona que no critica, entonces será para usted imposible categorizar o generalizar individuos en grupos tales como: viejos, sureños, ignorantes, adolescentes obsesionados por la moda, pertenecientes a los estados azules o rojos, conservadores, liberales, y así sucesivamente. Un estereotipo en un juicio, usted no puede ser una persona que no critica si al mismo tiempo juzga las diferentes formas en que la gente habla, come, se viste, socializa, baila o cualquier otra cosa. Si usted piensa que no critica pero admite que tiene tendencia a generalizar y a juzgar, ¡entonces está en desequilibrio! Sería bueno que se realineara con sus pensamientos actuales, y así sus conductas terminarán por corresponder en vibración con su autorretrato interno.

Tome la decisión consciente de buscar lo que es correcto y agradable en los demás. Cree el nuevo hábito de alabar a las personas a su alrededor. Decida que va a hacer caso omiso de los estereotipos y rehúse enfrascarse en conversaciones que promueven el juicio y la crítica. Cambie las criticas por bendiciones para restaurar el desequilibrio entre lo que desea ser y la imagen que le está proyectando al mundo.

Si desea ser una persona que no juzga y asociarse con las demás personas en este nivel, le sugiero que cambie a un estado de asombro y perplejidad al apreciar la belleza en todos los seres y en todas las cosas. Deje su forma habitual de advertir las cosas que *no* le gustan, y más bien haga todo el esfuerzo de buscar deliberadamente todo lo que le guste. Luego exprese lo que ha descubierto de manera que refuerce el nuevo hábito de aceptar incondicionalmente.

Aunque sus juicios no son nada más que pensamientos, le sugiero que cambie

esos pensamientos de inmediato al reconocerlos. Si usted ve a un obeso y piensa *"qué asqueroso"*, se está alineando con un punto de atracción que atrae disgusto. Reequilibre esta energía enviando una bendición silenciosa a esa persona. En el lado no crítico de la balanza, piense cuánto amor y apoyo podría usar esta persona. Le garantizo que sentirá la diferencia internamente y al mismo tiempo se sentirá más compasivamente conectado a ese individuo. La energía de la ausencia de juicio es totalmente equilibrada, mientras que la energía del desprecio, de la lástima o de las opiniones negativas, no lo es.

❖ ❖ ❖

Esté al tanto de todas sus conductas y sentimientos. Luego trate de determinar si corresponden con su visión personal y si esa es la imagen que los demás tienen de usted. Sentirá de inmediato una molestia cuando descubra un desequilibrio, y es entonces en ese momento que puede cambiar sus hábitos para que correspondan con sus deseos y restauren el equilibrio en su vida.

D. H. Lawrence señaló en una ocasión: "Lo que usted desea intuitivamente, es posible para usted." No podría estar más de acuerdo con eso. Sin embargo, usted debe preguntarse continuamente: *¿corresponde mi deseo intuitivo con lo que le ofrezco al mundo?* Cuando lo hace, se restaura el equilibrio, y la recompensa es la auto-realización.

❖ ❖ ❖ ❖ ❖

Capítulo cuatro

Sus adicciones le dicen: "Nunca tendrás suficiente de lo que no deseas"

(Equilibrar su deseo de
lo que quiere con su
conducta adictiva)

"Porque el justo siete veces cae y se levanta."

— PROVERBIOS 24:16

"Todo aquello que es aterrador, es en su esencia más profunda, algo indefenso que desea nuestra ayuda."

— RAINIER MARIA RILKE

4

Si tuviéramos que calificar los nueve hábitos presentados en este libro, este ganaría
el premio porque ser el más increíble: *gastar
nuestra preciosa energía vital persiguiendo algo
que no deseamos, ¡y nunca obteniendo suficiente
de lo que sea que estemos persiguiendo implaca-
blemente!* Por fortuna, este es un desequilibrio
que es relativamente fácil de corregir, a pesar
de todo lo que nos han dicho sobre lo difícil
que es superar las adicciones. El concepto
de *luchar* y *vencer* la adicción es un enfoque
equivocado; creo que deberíamos comenzar
por retirar estas palabras de nuestro vocabu-
lario. Martin Luther King Junior dijo en una

ocasión que la única manera de convertir un enemigo en un amigo es a través del amor y no del odio y las peleas.

No vencemos nada, ni tenemos nada por qué luchar

Considere los resultados que hemos logrado cuando hemos tratado de luchar por algo para vencerlo. Por ejemplo, desde que se declaró la guerra contra la pobreza, hay más pobreza que nunca en el mundo. Nuestra guerra contra las drogas solamente ha servido para triplicar nuestra población carcelaria y para atraer más sustancias ilegales a edades más tempranas. (Prácticamente desde los primeros años de la secundaria, escasamente hay un niño que no sepa cómo adquirir todo tipo de drogas). Nuestras guerras contra el crimen han dado como resultado más criminales, más miedo, mayor vigilancia, menor confianza, y más abusos de parte de las autoridades judiciales y policiales. Nuestra guerra contra el terrorismo nos ha convertido en personas que se conducen hacia aquellos a quienes designamos como *terroristas* en formas que emulamos el terrorismo que supuestamente deseamos eliminar. Cuando la guerra en Irak fue oficialmente declarada, Estados Unidos se convirtió en un país aún más odiado, y el número de personas que se postularon para convertirse en terroristas suicidas se multiplicó dramáticamente. Y nuestras guerras contra el cáncer, la obesidad y el hambre tampoco han eliminado estas condiciones.

Este es el motivo que encubre lo que acabo de explicar: La verdad de este Universo en que vivimos es un sistema de energía que funciona según la Ley de Atracción. Es decir, que nos convertimos en lo que pensamos durante todo el día. Si pensamos en odio, esta es la energía que estamos ofreciendo a nuestros deseos. En este sistema, entonces atraemos más de lo que pensamos. En consecuencia, más de lo que odiamos es lo que en realidad atraemos. Actuamos en nuestros pensamientos: Nuestros pensamientos de odio, violencia, combates y guerras en general, producen acciones de odio, violencia, combate y guerra. Y después ¡vaya sorpresa! vemos los frutos de esta forma de pensar manifestándose, aunque nuestras intenciones estén alineadas positivamente con la energía divina. Obtenemos lo que pensamos, ya sea que lo deseemos o no. Los pensamientos que se traducen en combate y guerra casi siempre garantizan que la respuesta sea una fuerza opositora, es decir, los demás responden de manera similar a nuestro deseo de combatir y vencer. Esta fuerza opositora puede continuar durante siglos, programando las generaciones venideras para que prosigan la batalla.

Esta misma noción de cómo las batallas nos debilitan y generan más desequilibrio en nuestras vidas se aplica a nuestras experiencias con adicciones. Podemos liberarnos de las adicciones relativamente rápido si tomamos la decisión de eliminar de nuestros esfuerzos la lucha y el deseo de vencer. Los pensamientos y la energía que reemplazan la lucha deben ser del tipo de pensamientos que no sean similares a los pensamientos de guerra. Tal como dijo Emerson de forma tan sucinta: "el remedio a todos los desatinos, la cura para la ceguera, la cura para el crimen, es el amor... Y las adicciones constituyen un tremendo desatino, lo puedo asegurar yo, que he pasado una gran parte de mi propia vida inmerso en dicha locura.

Superar los pensamientos imbuidos de desatinos

Para aquellos de ustedes que puedan no estar familiarizados con mi amigo Ram Dass. A finales de la década de los sesenta, él ayudó a perfilar el despertar de la conciencia de toda una generación con su libro de mayor venta *Be Here Now (Sé aquí y ahora).*

Una de mis historias favoritas de Ram Dass es aquella en la que cuenta sobre un encuentro temprano con Neem Karoli Baba, su gurú en India. Ram Dass había llevado algunas cápsulas a India que estaban diseñadas para alterar dramáticamente el estado de conciencia de una persona. Neem Karoli Baba enfrentó a Ram Dass con el tema de estas píldoras y le pidió que se las entregara todas. Ram Dass pensaba que había llevado un suministro para un largo período de tiempo de esta substancia psicodélica altamente poderosa, sin embargo contempló horrorizado y atónito a este ser iluminado tragárselas todas antes sus propios ojos, sin ninguna reacción visible. Luego el gurú le preguntó si tenía más, ya que obviamente estas no estaban funcionando. Después de contar esta historia, Ram Dass concluyó una de sus más sagaces observaciones: "Si ya llegaste a Detroit," señaló, "no tienes entonces que tomar un autobús para llegar allá."

Las adicciones de todo tipo son vehículos en los cuales uno se embarca para llegar a un lugar más elevado, más placentero, más pacífico, más sintonizado y afín, y así sucesivamente. Pero si usted ya está alineado con esta energía, entonces es obviamente innecesario subirse a bordo de ningún vehículo para dirigirse al lugar en donde reside actualmente.

He jugado con adicciones y con conductas adictivas una gran parte de mi vida. De hecho, diría que estas adicciones han sido unos de mis más grandes maestros, permitiéndome ver que existe un nivel más avanzado de conciencia y una conciencia gloriosa disponible para todos nosotros. Pero también estoy consciente de que usar sustancias antibienestar con el fin de experimentar una realidad separada, es una vía segura de fuerza opositora para conseguirlo.

El patrón es algo similar a: debemos tener más y más de lo que deseamos. Conforme tomamos o ingerimos más, más lo necesitamos. Conforme más lo consumimos, menor es su efecto. Luego, para completar este enorme desequilibrio, lo que estamos usando para llegar a este lugar de gloria ¡está intoxicando nuestro bienestar! La adicción incrementa nuestro desequilibrio. Deseamos gozo, paz, amor, libertad y similares, pero la conducta adictiva incrementa nuestro desequilibrio proporcionándonos precisamente lo opuesto. Si continuamos desenfrenadamente, acabará por destruir nuestro cuerpo y nuestra mente, y finalmente nos aniquilará.

Estoy en esencia libre de adicciones, y deseo que sepan que no llegué a esto luchando contra mi naturaleza adictiva. De hecho, mientras más trataba de vencer las adicciones en varias etapas de mi vida, tales como azúcar, refrescos de soda, cafeína, nicotina, alcohol y ciertas drogas, más ellas lograban apoderarse de mí. *Fuerza/fuerza opositora:* aplicaba mis armas, y ellas traían toda su artillería, siendo mi cuerpo el campo de batalla en donde ésta se libraba. Me hundía a ciegas cada vez más en mis adicciones. Anteriormente cité a Ralph Waldo Emerson, quien decía: "El remedio para todos los desatinos es el amor." ¿Cómo podrían las cosas ser distintas si siguiéramos su consejo? Las dos palabras claves son *desatino* y *amor*. Examinémoslas más detalladamente.

— **Desatino.** ¿Por qué llamar a una adicción un desatino? Exigir cada vez más algo que su cuerpo y su mente desprecian con vehemencia es una adicción. Optar por el mundo desequilibrado de la adicción sobre el equilibrio que es su herencia espiritual es una gran distorsión de su derecho de nacimiento. Cuando usted hace esto, está administrando mal su vida. Creo firmemente que esto es un desatino que puede ser equilibrado con amor.

Usted proviene de un campo de energía espiritual e invisible de puro bienestar. Su deseo es estar en equilibrio en este espíritu, en sus pensamientos y en sus conductas, ahora, en esta vida, en este momento, en su forma física. Usted desea esta armonía y esta percepción que están disponibles sin tener que dejar su cuerpo, o en otras palabras, sin tener que morir. Entonces, siguiendo esta interpretación, usted está en la búsqueda de un equilibrio que le permita morir mientras se encuentra vivo.

Usted regresa al espíritu, a la no-forma, cuando muere, pero tiene la opción de escoger vivir en un equilibrio iluminado, o en la realización de Dios... Ahora, en este estado físico. Su Fuente no crea desde la toxicidad. No llena sus venas o su estómago o ninguna parte de su cuerpo con veneno o con excesos. Crea desde el bienestar, desde el equilibrio y desde la perfección sin ningún esfuerzo. Esta es su herencia espiritual. Y el amor puede corregir los desatinos que lo distancian de su ser espiritual.

— **Amor.** ¿Por qué es el amor el antídoto a las adicciones? Es muy sencillo, porque usted es amor, es el centro de su creación. Es su punto de origen y puede convertirse a la vez en su punto de atracción. Tal como Karl Menninger le dijo a sus pacientes, y a todo aquel que sufría y estaba dispuesto a escucharlo: "El amor cura, tanto a aquellos que lo reciben como a aquellos que lo dan." Al trascender sus hábitos adictivos, tiene la oportunidad de ser tanto el dador como el receptor del bálsamo espiritual del amor. Al aplicarlo, siente que el equilibrio regresa a su vida. Ya no tiene que perseguir la libertad de una fuerza opositora, y ya no tiene que atraer lo que no desea. En su lugar, buscará el equilibrio de estar conectado con su naturaleza auténtica.

Reconectarse con su bienestar

Nuestra tendencia hacia las conductas adictivas decae sensiblemente cuando comenzamos a practicar la reconexión con nuestra

Fuente del ser. Se han escrito muchos libros sobre el tema de superar adicciones. Hay innumerables programas y centro de rehabilitación para ayudar a aquellos que quedan atrapados en las garras de las drogas, el alcohol, la comida, la cafeína, el sexo, el juego, o cualquier otra cosa que se ajuste a la descripción de estar tras algo que no deseamos.

Yo apoyo cualquier programa designado para ayudar a las personas a escaparse de este ciclo de desequilibrio que ha destruido tantas vidas. Mi contribución aquí es una breve descripción de los puntos claves que he descubierto que son útiles en extremo para lograr convertirse en una persona libre de adicciones. Las cinco ideas siguientes me han ayudado a suspender mis pensamientos y conductas desequilibradas. Practicadas con honestidad e integridad, ellas pueden contribuir con un nuevo sentimiento de empoderamiento y de bienestar que le permita liberarse de adicciones indeseadas.

1. Todo es cuestión de realinearse

Esta es la idea número uno porque cuando realmente la pone en práctica, nunca desea perseguir lo que no desea a expensas de lo que desea. Usted anhela estar en armonía, y desea el bienestar. Usted se origina del bienestar, entonces simplemente tiene que optar por pensamientos que se alinean con esa base para encontrar su camino de regreso a este alineamiento.

Practique orar en silencio como un hábito permanente cada vez que pueda y lo desee. Varíe y personalice sus oraciones tales como este ejemplo derivado de la Oración de San Francisco: *Hazme un instrumento de tu bienestar.* Véase siempre invocando la energía del bienestar de su Fuente espiritual. Piense como los animales, que nunca piensan en dedicarse a lo que no desean. ¿Por qué los pájaros no persiguen a las mariposas? Porque éstas son venenosas. ¿Alguna vez ha escuchado que un petirrojo tenga que ir al psiquiatra para superar su deseo de comer mariposas? Parece tonto, pero es una imagen útil para tener en cuenta.

Piense entonces como un ser humano que vive en el bienestar. Con el paso de tiempo llegará a pensar como el alma Divina que es, y estará en armonía vibratoria con el bienestar que es su naturaleza intrínseca.

2. Ame sus adicciones

Si es la comida, ámela. Si es la cocaína, ámela. Si son los analgésicos, ámelos. Si es el cigarrillo, ámelo. Ellos son sus más grandes maestros. Le han enseñado a través de la experiencia directa lo que usted ya no desea ser. Lo han llevado a lo más hondo por alguna razón. Usted es parte de un sistema inteligente. No hay accidentes en un Universo apoyado por la omnisciencia y la omnipotencia. Agradezca la presencia de estos maestros.

Si los odia, los maldice y trata de luchar contra estas adicciones, inclina la balanza hacia el odio y la lucha. Entonces seguirá persiguiendo lo que no desea porque estará en un estado de debilidad. La lucha debilita; el amor empodera.

Incline pues la balanza hacia el amor. Agradezca lo mucho que le han enseñado estas adicciones. Envíeles una bendición silenciosa. Al hacer esto, se inclinará hacia el amor que usted es.

3. Ámese

Esta es la consecuencia natural al optar por amar sus adicciones. Piense que su cuerpo es un templo sagrado, y extienda la reverencia como una forma de amor. Esté consciente, y agradezca cada órgano, cada gota de sangre, cada apéndice y cada célula que constituyen su cuerpo. Comience ahora mismo por ofrecer una oración de gratitud en silencio por su hígado, su corazón y su cerebro. Diga: *Gracias Dios mío por este glorioso don. Lo adoro y con tu ayuda, comenzaré el proceso de amarlo incondicionalmente.* Si se siente atraído por sustancias que desprecia, diga esta oración en silencio antes de ingerirlas. El amor se convertirá eventualmente en el peso añadido que reequilibrará su vida.

Uno de mis poetas favoritos, Henry W. Longfellow, nos dice: "Aquel que se respeta a sí mismo está protegido de los demás; es como si llevara puesta una armadura que nadie puede penetrar." Cuando en verdad nos respetamos y nos amamos, es como si lleváramos un escudo o una armadura flexible compuesta de anillos y aros de cadenas metálicas que nos protegen de ese *otro* adictivo que es parte de nuestra vida.

4. Abandone toda idea de vergüenza

Usted no ha hecho nada malo. No ha fracasado, sólo ha producido resultados. No se trata de lo malo que ha sido; se trata de lo que está decidido a hacer con los resultados que ha producido. Si opta por la vergüenza y la culpa, escoge la reacción emocional que lo priva más de su poder que cualquier otra cosa. Sea cual sea su estado actual en relación con sus adicciones, todo está en perfecto orden. Usted tenía que pasar por todos los traumas por los que ha pasado. Tenía que desilusionar a las personas a las cuales ha tratado mal. Tenía que haber llegado a este punto tan bajo. Necesitaba esta energía fuera de equilibrio con el fin de ayudar a generar la energía que lo llevaría al lugar más elevado a donde ahora se dirige.

Usted sigue siendo un ser Divino ante los ojos de Dios, a pesar de cualquier debilidad que usted haya creído que fuera incongruente con el amor de Dios. Usted necesitaba pasar por todas esas experiencias, y ahora que contempla cómo quedan atrás y se une de nuevo a su Fuente espiritual de bienestar, la vergüenza solamente logrará entorpecerlo y enviarlo de vuelta a ese mundo absurdamente desequilibrado en donde nunca logra tener tanto como desea.

5. Viva bajo una nueva sabiduría

Finalmente, cree un espacio en su interior, un lugar muy privado en donde sólo usted y Dios pueden estar. En este espacio interior, coloque las palabras *Yo sé*. Esta es su conexión invisible con Dios, en donde la fuerza y el bienestar definen su nuevo ser libre de adicciones. Sin importar que muchas personas desconfíen de usted y le recuerden cuántas veces ha fallado a sus promesas en el pasado, este es su espacio de sabiduría.

Desde este espacio inquebrantable, pida la guía Divina. Pida que tenga la energía extasiada de la pureza y del bienestar para que ellas fluyan directamente hacia su corazón. Si recae, retírese de inmediato a este espacio de sabiduría. Perdónese y véase rodeado del amor de Dios, recuperando de nuevo su equilibrio. Siendo yo un hombre que ha pasado por esto, le prometo que recibirá toda la guía, la dirección y la fuerza necesarias y obtendrá lo que desea en lugar de lo que no desea.

Superar el desequilibrio del pensamiento adictivo comienza y termina con la conciencia de que usted, con la ayuda de su Fuente, tiene todo lo necesario para terminar con ese desequilibrio. Tal como un proverbio antiguo hindú nos recuerda: "Dios alimenta a todas las aves, pero no les tira la comida en el nido". Realícese con Dios, y vuele sin el peso de la adicción. Le prometo que ¡estar en equilibrio y libre de adicciones es mucho más emocionante!

Capítulo cinco

Usted no es <u>lo</u> que come; es lo que <u>cree que</u> <u>es</u> cuando come

(Equilibrar el deseo de que su cuerpo se sienta maravillosamente bien, con su alimentación y con sus ejercicios físicos)

"No descuide su cuerpo. él es la morada de Dios; cuídelo, pues sólo en él puede realizarse Dios."

— NISARGADATTA MAHARAJ

"Al creer apasionadamente en algo que todavía no existe, lo creamos. Todo lo no existente es lo que no hemos deseado suficientemente."

— NIKOS KAZANTZAKIS

Sus creencias reflejan el estado relativo
actual de salud de su cuerpo, tanto como
lo hacen su dieta y su régimen de ejercicios. Si
desea un cuerpo gloriosamente saludable pero
se comporta de forma malsana, es obvio que
estará desequilibrado. Pero aún más, refleja la
clase de pensamientos y creencias que tiene
sobre su salud.

Es obvio, que al igual que todo el mundo,
usted desea tener una salud perfecta. Colo-
quemos pues este deseo idealista en el escalón
superior de una escalera imaginaria de 10
peldaños. Ahí, en la cumbre de sus deseos
respecto a su salud, se encuentra ese anhelo

de tener un cuerpo saludable y de sentirse maravillosamente bien. Ahora, visualice esta escalera de 10 peldaños con estas preguntas en mente.

1. ¿En cuál escalón de la escalera están sus *conductas* con relación a su deseo de 10 peldaños?

2. ¿En cuál escalón de la escalera están sus *creencias respecto a sus conductas* con relación a su deseo de 10 peldaños?

Podría calcular que cualquier persona que tiene sobrepeso, y se encuentre en tan mal estado que subir rápidamente una escalera lo dejaría sin aliento, está contribuyendo con energías de dos peldaños a deseos de 10 peldaños. En otras palabras, esa persona estaría en desequilibrio. Lo mismo es cierto para un sinfín de dolencias físicas atribuibles al estilo de vida, tales como úlceras, presión alta, indigestión, palpitaciones y así sucesivamente.

Para crear un equilibrio en donde usted pueda decir con honestidad que su cuerpo disfruta de un nivel óptimo de salud, y que se siente agradecido por vivir en una Casa de Dios tan gloriosa, es necesario tomar algunas nuevas decisiones respecto a las dos preguntas anteriores. Puede sorprenderle leer que no estoy sugiriendo un cambio radical en la dieta, o abogando que se embarque en un programa de ejercicios diseñado por un entrenador de gimnasia o por un corredor de maratones (aunque estas son claras posibilidades). No, estoy sugiriendo una realineación radical en la energía de las creencias que usted le ofrece al deseo del décimo peldaño.

Si usted tiene sobrepeso, no está en forma, y sufre innecesariamente de enfermedades físicas relacionadas con este estilo de vida, esta idea radical podría requerir mucha determinación para superar su incredulidad. Entonces comience ahora mismo por leer de nuevo el título de este capítulo. ¿Le parece extraño pensar que su dieta o la falta de ejercicio no son completamente responsables de su estado de salud? Quizás tiene que ver con lo que usted *cree*.

La segunda cita al comienzo de este capítulo fue escrita por el autor de *Zorba el griego*. Zorba es uno de los personajes ficticios más apasionados que se han creado jamás, albergado en un cuerpo que no era el sueño de un gimnasta. Nikos Kazantzakis nos anima a que practiquemos la creencia apasionada, porque el deseo se creará como resultado de esa creencia. Su deseo del décimo peldaño de vivir en un cuerpo saludable se manifestará cuando lo desee lo suficiente. Y así precisamente, es como puede corregir el desequilibrio que ha ocasionado que la balanza se incline hacia abajo, debido a que sus conductas y creencias se oponen diametralmente a su deseo.

Reequilibrar su salud realineando sus creencias

Deepak Chopra, mi amigo y colega de muchos años, observó en una ocasión: "Su cerebro produce un químico que le transmite las primicias de su felicidad a los 52 millones de células de su cuerpo, las cuales se deleitan y se unen a ella." Visualícese pues, a punto de comenzar a disfrutar un delicioso helado con salsa de chocolate caliente o una tajada de pastel de cumpleaños: ¿Se siente feliz, o está lleno de culpabilidad y aprehensión antes de probar el primer bocado? Y, ¿a cuáles creencias se ha aferrado que impiden que su cerebro produzca y transmita las buenas nuevas al resto de su cuerpo, incluyendo a aquellas que están a punto de convertirse en células infelices de grasa, en vez de células felices y sanas?

Por más que le cueste aceptarlo, es mucho más importante examinar y cambiar sus creencias sobre lo que está comiendo y la forma en que está viviendo su vida, que las actividades reales de comer y hacer ejercicios. La conexión entre la mente y el cuerpo ha sido claramente establecida por las investigaciones médicas y científicas. Sus creencias son pensamientos, y sus pensamientos son energía. Si usted se convence de que lo que está a punto de hacer va a ser nocivo para su cuerpo, entonces está haciendo precisamente lo que Kazantzakis sugiere: está creyendo apasionadamente en algo que todavía no existe. O sea, la reacción no saludable de su cuerpo a lo que está a punto de hacer es sólo un pensamiento, no una realidad material. Sin embargo, al mantener ese pensamiento, facilita el proceso de que en verdad se materialice en su realidad.

Ahora, suponga que decide creer apasionadamente en algo que todavía no existe, y que ese algo es *usted* en un cuerpo perfectamente sano integrado por completo al bienestar que lo caracterizaba cuando se materializó en un alma física. Más aún, usted incluye una creencia de que su cuerpo es capaz de convertir cualquier combustible que reciba en células sanas y felices. Esto sería tal vez una idea radical porque muchas personas creen precisamente lo contrario. No obstante, usted decide creer apasionadamente en esto, aunque la realidad todavía no exista.

Al adoptar la idea de que su cerebro y su cuerpo son más que capaces de convertir cualquier combustible en células sanas y felices, comienza el proceso de buscar por todas partes la evidencia que apoye su creencia, en vez de apegarse a lo contrario: los sistemas de creencias que produzcan resultados que atenten contra la salud. *Sí*, entonces usted dice, *hay muchas personas que obtienen lo que desean, cuando lo desean; y hay quienes no le ponen atención a las dietas, quienes no se pesan obsesivamente cada día, y que no solamente tienen un peso normal, sino que están felices con lo que son. Voy a pensar como ellos y veré si funciona.*

Al ocuparse en esta idea radicalmente nueva, ¿adivine qué comienza a suceder? Usted comienza en realidad a cambiar sus patrones alimenticios. ¿Por qué? Porque comer comida sana en pequeñas porciones lo hace sentir bien, y sentirse bien es de lo que se trata su deseo del décimo peldaño.

Pero debe comenzar con un pensamiento que lo haga sentir bien, y esto es: *Todo lo que como está bien. Instruiré a mi cerebro y a los químicos de mi cuerpo para que conviertan todo lo que como en salud.* Ahora tiene que examinar un nuevo ciclo de pensamiento, y esta nueva forma de pensar apasionadamente en algo que todavía no existe, funciona también con estar en forma física.

Poner en forma su manera de pensar desbalanceada

¿Cuáles son, pues, sus creencias sobre lo que es necesario para estar saludable y en buena forma física? ¿Es necesario que una persona sufra cada día, y pase por una rutina de ejercicios vigorosa para estar en buena forma física? Estas son creencias comunes que deberían ser rebatidas si usted está en la búsqueda de una vida más equilibrada. Su deseo es tener un cuerpo que luzca y se sienta maravillosamente bien, este es el deseo del décimo peldaño.

Y bien, ¿qué clase de pensamientos rondan en su mente con el fin de conseguir este deseo? Demasiado a menudo sus pensamientos se parecen a esto: *No soy una persona activa. No importa cuánto ejercicio hago, sigo sin lograr rebajar y ponerme en forma. Odio correr y sudar. No estoy destinado a ser atlético.* Estas creencias y muchas más de este tipo, lo mantienen en los peldaños más bajos de la escalera. Más aún, ellos contribuyen enormemente a la crisis de obesidad y a la existencia de tantas enfermedades, relacionadas con el estilo de vida que se originan en este tipo de pensamiento colectivo.

Cuando usted cambia sus pensamientos, y cuando cree en lo que es posible para usted, usted lo cambia todo, incluso su fisiología. Debe creer fervientemente que es un espécimen en perfecta salud, creando esa imagen de usted mismo en donde se ve y se siente de maravilla. Llevar esta imagen donde quiera que vaya, y creer apasionadamente en esta realidad ¡es una verdadera y total transformación del pensamiento!

Ahora el diálogo interno se parecerá más a algo así: *Me dirijo hacia la salud perfecta. No siento vergüenza ni culpa por mi conducta. Escojo ser un flojo para el ejercicio. Seré un flojo saludable, delgado y hermoso. Amo mi cuerpo. Voy a cuidarlo porque es el hogar del ser sagrado que yo soy.* Cuando comienza este nuevo ritual de cambiar la manera en que ve su cuerpo, el cuerpo que usted está viendo, cambia.

Usted ha estado inmerso en una cultura que promueve cómo debe sentirse con relación a su cuerpo, basado en conductas comerciales que desean obtener ganancias con base en su insatisfacción personal. El argumento de ventas es que si usted no luce como un super modelo, debería sentir remordimientos. Este es precisamente el comienzo de los desórdenes alimenticios, la obesidad y las constituciones físicas débiles. Cuando usted se deja llevar por este tipo de lavado cerebral colectivo, se dirige hacia un gran desequilibrio entre su deseo de tener un cuerpo saludable que se sienta bien, y las conductas diarias derrotistas que lo conducen hacia la mala salud, y hacia sentirse exhausto y fuera de forma.

Recuerde que usted se convierte en lo que piensa. ¿Por qué pensar sobre sí mismo de alguna manera que lo induzca a creer que tiene una salud menos que perfecta? ¿Cuál es el objetivo de observar su cuerpo en su condición actual de mal estado y asumir una serie de creencias que garantizan que las cosas se empeoren?

Ahora tiene ante usted una nueva opción totalmente radical. Crea apasionadamente en lo que todavía no existe, y recuerde la observación de Kazantzakis que dice que "todo lo no existente es lo que no hemos deseado suficientemente". Usted puede adoptar un sistema de creencias que sea tan balanceado que nadie, ni ningún tipo de presión social, pueda inclinarlo hacia abajo, o sacarlo de su perspectiva de amor a sí mismo y de reverencia por el sagrado templo que es su cuerpo. Entonces, puede experimentar lo que se siente al creer apasionadamente en algo que todavía no existe. Este nuevo sistema de creencias será el punto de equilibro que le permitirá disfrutar de una relación cariñosa, cordial y saludable con su cuerpo, y alterar cualquier conducta de auto-sabotaje.

Actuar en su nueva creencia apasionada en algo que no existe... ¡todavía!

Tal como son sus creencias, son sus conductas. Cuando usted es capaz de verse a sí mismo como una creación Divina que emana de una Fuente de puro amor incondicional, con una ausencia total de vergüenza o de auto-repudio, su cuerpo no tiene otra opción más que disfrutar de la jornada. Sea lo que sea que decida comer, si sus pensamientos son: *Mi intención es que este alimento se convierta en energía y que haga que mi cuerpo se sienta vigoroso y fuerte,* su cuerpo responderá acorde. Una vez que ha logrado remover las viejas creencias que fomentan la ansiedad, la culpa, la preocupación y hasta el temor, su cerebro comenzará a producir químicos que lo regresarán a un estado de equilibrio en donde se siente bien y puede crear un nuevo cuerpo.

Sí, lo que estoy diciendo es que al reprogramar su forma de pensar para alinearse con su deseo de estar y sentirse sano, puede alterar las conductas poco saludables que producen la mala salud y el desequilibrio. Es un asunto de ley. A continuación vemos cómo lo explica William James, el padre de la psicología moderna:

Existe una ley en la psicología que dice que si usted se forma un cuadro en su mente de cómo desearía que algo fuera,

y mantiene y sostiene ese cuadro en su mente
durante el tiempo suficiente,
usted se convierte exactamente en lo que ha
estado pensando.

Así de impresionante es el poder de sus pensamientos. Pero también estoy diciendo algo que va más alla de la idea de que su cuerpo actúe automáticamente como respuesta a sus pensamientos reprogramados. Conforme usted comienza a equilibrar las expectativas estereotípicas respecto a su cuerpo que están fuera de armonía con su deseo de estar saludable y sentirse bien, notará otra reacción automática: Sus conductas comenzarán a buscar espontáneamente el equilibrio con sus deseos expresados.

Puede suceder gradualmente, pero ahí está: usted se percibe no viviendo bajo el temor o enfocado demasiado en su apariencia. Esta maravillosa percepción de autoaceptación se combina con un intenso deseo de tratar a su cuerpo con respeto. Sus hábitos alimenticios cambiarán sin tener que tomar la decisión consciente de cambiar nada. Usted dejará de contar calorías, y comenzará simplemente a disfrutar lo que está comiendo, sabiendo que puede confiar en su sabiduría espiritual inherente que está programada en su ADN, su conexión con la Fuente que creó el bebé que usted fue una vez.

Usted habrá descubierto una mejor forma de equilibrar y disfrutar su vida, confiando en que sus pensamientos atraerán la salud que desea. Será capaz de relajarse y disfrutar de esta jornada. Al dejar conscientemente que el Espíritu ponga en la balanza la energía de sus pensamientos, habrá inclinado la balanza a favor de sus deseos. Su ego, el cual se identifica con su cuerpo, habrá sido relegado a un papel menos dominante. El Espíritu no tiene exceso de grasa, ni indigestión, ni accesos de hambre, ni hábitos de sobrealimentación, y ahí es donde usted ha decidido ahora erigirse.

Usted está optando por pensamientos que están en armonía con su Espíritu original, y al hacerlo, no hay espacio para sentirse enfermizo o malsano. Puesto que usted siente más paz en sus pensamientos, creyendo que no importa lo que usted haga puede convertirlo en una reacción saludable, usted asume la misma nueva respuesta automática en su enfoque respecto al ejercicio y al bienestar físico. Su nuevo procedimiento equilibrado de crear un cuadro interno confirma la aseveración de William James.

Soy un ser humano divinamente saludable y en buena forma. ¡Piénselo! ¡Dígalo! ¡Créalo! Incluso en el caso de que usted haya albergado una imagen previa de un ser con sobrepeso y fuera de forma, dígalo de todas maneras. Usted está comenzando el proceso de creer apasionadamente en algo que todavía no existe. Al afirmarlo y convertirlo en su realidad interna, activará una nueva respuesta automática que resuena con su deseo declarado. Antes de que se dé cuenta, estará dando caminatas. Entonces quizás participará en algo que definitivamente no ha sido parte del equilibrio en su vida hasta ahora, tal vez trotar, tomar una clase de yoga o hacerse miembro de un gimnasio. Todo esto sucederá sin siquiera tratarlo, porque usted debe actuar según sus creencias.

El desequilibrio entre su deseo de tener un cuerpo saludable que se siente bien y tener hábitos persistentemente malsanos no se soluciona cambiando esos hábitos. Primero, debe tener la firme determinación de aprender el arte de creer apasionadamente en algo que todavía no existe, y rehusarse a permitir que el cuadro sea distorsionado por usted o por alguien más. En verdad, usted no es lo que come o qué tanto ejercicio haga, sino más bien lo que cree de ese ser que está actualmente presente en sus pensamientos.

Manténgase recordándose a sí mismo: *Obtengo lo que pienso, lo desee o no.*

Capítulo seis

No puede descubrir la luz analizando la oscuridad

(Equilibrar su deseo de prosperidad con sus hábitos de escasez)

"Dios desea que lo tengamos todo. Al expresar nosotros la vida, cumplimos con la ley Divina de la abundancia, pero sólo hacemos esto cuando comprendemos que hay suficientes bondades para todos, sólo cuando sabemos que todos los dones de Dios son ofrecidos tan abierta y tan plenamente como el aire y la luz del sol..."

— ERNEST HOLMES

"Todo hombre tiene la libertad de ascender tan lejos como sea capaz o esté dispuesto a hacerlo, pero es sólo el grado al que él piensa lo que determina el grado al cual ascenderá."

— AYN RAND

6

Si usted tuviera que buscar la luz, la única cosa que obviamente evitaría sería la oscuridad. Usted sabe con certeza que gastar su tiempo analizando lugares oscuros y vagando ciegamente en la oscuridad, no sería la forma de descubrir o experimentar la luz. Ahora intercambie las palabras *luz* y *oscuridad* de este ejemplo por las palabras *abundancia* y *escasez*, debería aplicar el mismo principio lógico. Usted no puede encontrar la abundancia analizando y vagando en la conciencia de la escasez. Sin embargo, esto es con frecuencia una disparidad que existe entre su deseo de prosperidad y la ausencia de ella en su vida.

Revise la observación ofrecida por Ernest Holmes en la cita al comienzo de este capítulo: "Al expresar nosotros la vida, cumplimos con la ley Divina de la abundancia..." Piense en esto como un dictamen de Dios con autoridad legal, como una *ley*. Hasta el mismo San Pablo señaló que "Nuestro Padre celestial nos proporciona todas sus bendiciones en abundancia para que gocemos de ellas." He llegado a la conclusión de que la prosperidad es algo que alguien siempre tiene a su disposición, debido a que ella es representativa de la fuente de la cual todos nos originamos. Si nos derivamos de la abundancia ilimitada, debemos ser iguales a lo que nos creó.

La escasez no es un problema relacionado con el lugar en donde usted nació, o lo que sus padres han acumulado, o al estado de la economía. El así denominado problema de la escasez, se debe al simple hecho de que usted alejó su creencia de su conexión original con la abundancia ilimitada, y comenzó a vivir en la escasez y a analizarla, es el equivalente a la oscuridad en el primer párrafo de este capítulo. Le sugiero que haga un giro en su vida hacia el análisis de la luz de la prosperidad, y corrija el desequilibrio entre su deseo y lo que está viviendo.

Cómo deja de expresar la vida y cómo deja de cumplir con la ley Divina de la abundancia

Con el fin de expresar vida y de ser el recipiente de las bendiciones Divinas de la abundancia, debe reconocer cuando tiene pensamientos y conductas que desequilibran esos deseos. La voz de su posición de equilibrio es algo de lo cual he escrito ya varias veces en este libro: *Usted se convierte en lo que piensa todo el día*. Aquí vemos una lista del tipo de situaciones de desequilibrio:

- Hacer hincapié en las cosas que le hacen falta en su vida

- Entablar conversaciones que están fuertemente inclinadas hacia lo que carece en su vida

- Quejarse con todo aquel que lo escuche sobre todas las razones por las cuales usted no ha logrado tener más

- Cultivar un cuadro interno de que usted es una persona que sencilla-mente ha tenido mala suerte

Estas maneras de pensar y de ser ponen en movimiento un patrón de energía que atrae precisamente lo que usted activa en su vida. Si usted piensa en la escasez, creará la escasez. Si habla con los demás de lo que carece, atraerá precisamente más carencias. Si analiza su insuficiencia, ¡entonces aparecerá más insuficiencia!

Soy consciente de que esto puede parecer muy simple, es decir, que *¡sólo debe cambiar sus pensamientos y el dinero entrará volando por su ventana!* Pero antes de desechar esta idea, considere que una existencia desequilibrada le está pidiendo que advierta las barreras, y la resistencia que ha estado erigiendo en un mundo en donde Dios está disponible para ofrecerle todas las bendiciones en abundancia.

Liberar la resistencia

Su deseo de atraer prosperidad representa una petición muy espiritual. Está en total sintonía con la ley de la abundancia de la cual usted se ha originado. Sus desequilibrios son energías en forma de pensamientos que usted cree equivocadamente que le brindarán la tan ansiedad prosperidad.

Enseguida veremos siete de los pensamientos más comunes que hacen casi imposible que se manifieste la prosperidad. Los denomino los *siete no tan magníficos,* porque cada una de estas creencias le garantiza que se quedará estancado en la escasez, de la forma como Ayn Rand lo describe en la cita al comienzo de este capítulo. El *grado al cual usted piensa* es el factor determinante en la creación de una vida de prosperidad.

Aquí vemos las siete formas de pensar que lo mantienen en desequilibrio:

1. No es la voluntad de Dios

Al culpar a Dios por no tener lo que necesita o desea, usted justifica una elaborada excusa para aceptar lo que le corresponde en su vida. En realidad, tal como nos lo recuerda San Pablo, Dios está más que dispuesto a proveernos con la bendición de la abundancia. De hecho, Dios *es* abundancia pura, no obstante *usted es* el que está en desequilibrio en la escala de la prosperidad. Al colocar sus carencias en manos de la voluntad Divina, usted crea energéticamente una enorme resistencia. Le está pidiendo al Universo que le envíe más de lo que le dicen sus creencias.

La solución para quitar esta barrera (lo cual aplica a estas siete energías negativas de resistencia) es cambiar la creencia. Carlos Castaneda, en su *Jornada a Ixtlán,* dijo: "Si en verdad sintiera que mi espíritu estuviera distorsionado, sencillamente lo arreglaría, lo purgaría, lo perfeccionaría, porque no hay otra labor en toda nuestra vida que valga más la pena que esa."

¿Cómo "lo arregla," "lo purga," y "lo perfecciona"? Al atraparse primero en medio de un pensamiento delusorio, y reemplázandolo por algo como: *Soy una creación de Dios, Dios es abundante. Debo ser igual a lo que me creó. Ser igual a lo que me creó significa que Dios desea que yo disfrute de la realización de la prosperidad. Así es como expresaré mi vida de ahora en adelante.* Si es necesario, imprima estas afirmaciones y refiérase a ellas hasta que se conviertan en un recordatorio perfectamente equilibrado. Su insuficiencia no es la culpa de Dios. Usted tiene opciones, puede optar por reconectarse con la abundancia o permanecer en desequilibrio, creyendo que ese es el plan de Dios para usted.

2. Los suministros son limitados

Este pensamiento representa una enorme resistencia a la restauración de equilibrio en la escala de la prosperidad y la escasez. Pensamientos tales como: *Hay una cierta cantidad para todos,* y *No todo el mundo puede ser rico; necesitamos a los pobres para mantener el equilibrio en el mundo, entonces supongo que sólo soy uno más de esos pobres,* son pensamientos similares de limitación y no atraerán una vida próspera. De hecho, ellos hacen de su meta un imposible.

Una vez más, la solución para retirar este tipo de resistencia es purgarla, y reemplazar estos pensamientos con nuevas energías que concuerden más armoniosamente con la verdad del mundo en el que vive. Trate de pensar en el dinero en el contexto de la amplitud de un océano: Hay un suministro infinito, más que suficiente para ocuparse de sus necesidades. El suministro de dinero circulando alrededor del globo no se disminuye no importa qué tanto usted tome para usted. ¿Por qué? Porque a fin de cuentas, el dinero, al igual que el agua del océano, terminará por retornar a su fuente. Tome un millón de galones del océano y aún así seguirá igual.

Funciona de la siguiente manera: la abundancia proviene de la abundancia, y la abundancia permanece. Usted puede purgar por completo de su mente la idea de las carencias, y comenzar a ver el dinero como una energía de suministro infinito. Es necesario para la vida, así como lo son el aire, el agua, el nitrógeno y el carbón.

3. No me lo merezco

Esta es una regla muy sencilla: Cuando usted no cree que es digno de que la prosperidad fluya en su vida, atraerá precisamente lo que *cree*, lo cual es, por supuesto, un flujo de escasez y carencias. Si usted cree que está atrayendo dinero en su vida de alguna forma inconsistente con una conciencia espiritual, entonces usted erige barreras de resistencia para detener este flujo.

Si su deseo es vivir una vida abundante y está atrayendo lo opuesto, entonces obviamente está energéticamente en desequilibrio. Su deseo es muy espiritual, pero lo que está ofreciendo respecto a este deseo es su sentimiento de falta de mérito. Y el Universo siendo lo que es, le somete de vuelta precisamente a su creencia sobre ser indigno. Para cambiar esta idea y reequilibrarse en esta balanza, debe realinear su deseo con la energía de sus pensamientos.

Debe mantener recordándose que usted es una parte Divina de Dios. Sentir que es indigno de la abundancia de Dios es lo mismo que negar su esencia espiritual, e insultar a su Creador. Recuerde que usted vino a este mundo a ser precisamente como Dios, pero se aleja de esta idea cuando cree más en su separación que en la unidad con su Fuente.

Comience por cambiar esta actitud desbalanceada cultivando una afirmación interna hasta que se convierta en su segunda naturaleza. Repítase en silencio algo similar a: *Soy una parte de Dios, una expresión Divina e individual de Dios. Merezco y soy digno de todo lo que Dios es y de todo lo que fluye en mi vida. La abundancia que deseo viene en camino, y haré todo lo que pueda para evitar bloquear y resistir este flujo divinamente inspirado.*

4. Mis habilidades y
talentos son limitados

Si usted mantiene la creencia que no posee la habilidad *o* el talento para atraer abundancia, entonces ha inclinado la balanza hacia toda una vida de escasez. Este es un síntoma enorme de resistencia, camuflado bajo la excusa de porqué se ha quedado corto en la barra de equilibrio de la prosperidad. Lea de nuevo la observación expresada por Ayn Rand. Ella no dijo: "Es el grado de talento lo que determina que tan alto ascenderá una persona." Ella dijo enfáticamente que: "El grado al cual él lo piensa" es el factor determinante.

Su visión interna hará que triunfe su talento innato en todas las ocasiones. De hecho, si usted tiene la confianza en que las habilidades o las aptitudes que necesita están disponibles, entonces va por buen camino. El primer y más importante paso es liberar cualquier excusa que haya adoptado con relación a la ausencia de habilidades. Luego, es crucial que cree un cuadro interno en donde se vea a sí mismo teniendo ya una vida próspera, aunque todavía no se haya materializado. Esto se denomina *pensar desde el final*. Lo obliga a comenzar un programa de acción que está en balance con su cuadro interno.

Ahora bien, y esta parte es crucial, usted debe *convertirse en la abundancia* que desea. Es correcto, debe *serla*, en lugar de observarla fuera de su ser. Estos tres pasos le ayudan a eliminar la idea de que usted está donde está debido a la escasez de talento: (1) Descarte toda excusa de falta de talento, (2) cree un cuadro interno donde se vea atrayendo prosperidad, y (3) actúe *como si fuera, siendo* lo que desea. Usted es tan talentoso como haya *decidido serlo* hasta ahora. Cambie el cuadro... y milagro de milagros, también cambiará sus talentos.

Siendo niño y aún universitario, me dijeron con frecuencia que yo no poseía el talento necesario para ser un escritor o un orador público. No fue sino hasta que decidí seguir mis propios cuadros internos que mis talentos comenzaron a ser escuchados. ¿Por qué? Porque conforme más seguía mi vida desde un punto de equilibrio de lo que me hacía sentir bien, más experiencia obtenía, y más el Universo y yo nos alineábamos. Al alinearnos, atraía y reconocía todas las oportunidades y la guía disponibles para mí. Si hubiera escuchado a todos aquellos que profesaban conocer mejor que yo mis propios talentos, habría atraído precisamente lo que hubiera creído: la ausencia de habilidad.

5. Nunca he tenido suerte

El Universo en el cual usted vive, y el cual vive dentro de usted funciona con base en la energía y solamente en la energía. "Nada sucede hasta que algo se mueve" dijo Albert Einstein. Todo está vibrando, incluso lo que parece inmóvil. Su Universo funciona con la Ley de Atracción, lo cual significa que la energía se corresponde con la energía similar. Sus pensamientos son vibraciones de energía. Los pensamientos bajos —aquellos que están fuera de equilibrio con la Energía de la Fuente— atraen respuestas de baja energía del Universo. Los pensamientos elevados, basados en la espiritualidad, activan vibraciones idénticas que le traen lo que desea en armonía con su Fuente. Habiendo expresado lo anterior, no hay espacio para la suerte en el Universo.

Si usted tiene un accidente, no es que tenga mala suerte y no es su culpa. Usted está sencillamente en concordancia vibratoria con lo que sea que se haya estrellado en ese momento. Al tener esta visión del mundo, puede comenzar a ejercitarse en las opciones relacionadas con lo que está vibrando. Al cambiar la baja energía vibratoria de sus pensamientos por vibraciones más elevadas, pone en movimiento la energía que busca corresponder con sus deseos más elevados. Aún si esto le suena insensato a su mente entrenada por el ego, le suplico que comience el proceso de ver las cosas desde una posición vibratoria, en vez de una posición de buena o mala suerte.

Es decir, le recomiendo que adopte este sistema de creencias: que usted ha atraído en su vida exactamente con lo que ha optado por alinearse. Si su suerte parece mala, cambie sus expectativas. Haga todos sus esfuerzos por mantenerse en equilibrio con lo que desea, en vez de lo que ha estado atrayendo. El factor suerte desaparecerá.

6. Siempre ha sido así

Cuando usted usa su historia personal para justificar la razón por la cual está fuera de equilibrio en el presente, en la escala de la abundancia, lo que usted está diciendo en realidad es: *Desde hace mucho tiempo he atraído la escasez en mi vida, y tengo la intención de seguir haciendo exactamente lo mismo.* Pensar que el pasado es responsable de su insuficiencia constante es una gran fuente de resistencia. Es probable que le hayan enseñado que si le pone atención a los errores del pasado, los volverá a cometer. Esto es lo que yo pienso al respecto: *¡Mantenerse pensando en los errores del pasado le garantiza que seguirá manifestándolos en el presente!*

Pienso que es mejor que arroje lejos su historia personal de cualquier deficiencia que haya surgido en su vida. Rehúse pensar en lo que no se ha materializado, a menos que siga esperando que le llegue más de lo mismo.

Evite hablar sobre su pasado gris. No se identifique con alguien cuya infancia o juventud haya sido caracterizada por la parquedad y las carencias. Más bien, observe toda su historia como una serie de pasos, los cuales usted tenía absolutamente que vivir para llegar a comprender en el presente su infinito potencial de abundancia.

Agradezca todo lo que no llegó a manifestarse. Luego cambie de la resistencia hacia la dirección de manifestar sus deseos, y reequilibre sus pensamientos para que concuerden con esos deseos. Afirme: *Es mi intención tener pensamientos que vibren perfectamente con mi deseo de tener abundancia en todas las áreas de mi vida. Libero todos y cada uno de los pensamientos en donde coloco mi enfoque y por lo tanto mi poder invocador, en lo que ha o no ha ocurrido.* Esta es la clave para restaurar el equilibrio.

7. No sé cómo "pensar en la abundancia" por mí mismo

Cuando está convencido de que la conciencia de la prosperidad es semejante a un idioma extranjero, una vez más ha optado por *resistir* en lugar de *permitir*. Puede ser que usted no crea tener la capacidad de pensar en las maneras que he explicado en este capítulo, pero le aseguro que sí puede, ¡y con creces! Usted, así como los Rockefeller, los Hartford y los Kennedy, todos han emanado de la misma Fuente de abundancia ilimitada. Ella es usted y usted es ella. Su creencia de que no puede pensar de esta manera existe solamente porque usted se ha permitido creer en su separación de su Fuente. Usted puede *pensar en la abundancia,* incluso si nunca lo ha practicado en toda su vida.

Ahora en este preciso momento, usted puede iniciar la práctica de permitir que vivan en su conciencia solamente pensamientos de

prosperidad. Reemplace la frase: *Ni siquiera sé cómo pensar así* al afirmar: *Soy abundante, atraigo la prosperidad, estoy en equilibrio con este deseo, y no voy a pensar de otra manera.* Así es como se crean los nuevos hábitos. Haga de esto su nueva realidad, un pensamiento a la vez.

Parafraseando a Ernest Holmes, todo esto se acumula para expresar su vida y realizar la ley de la abundancia divina. Su existencia es un don dado por una Fuente próspera y espléndida de Bienestar. Estar en equilibrio, significa que usted está expresando la vida irradiando esta percepción con sus pensamientos. En consecuencia, sus expectativas apoyan una vida magníficamente equilibrada en su forma.

Este mensaje del gran poeta sufí Rumi, lo anima para que comience cada día con vibraciones elevadas de expectativas que lo abren a los mensajes de su Fuente:

No puede descubrir la luz analizando la oscuridad

La brisa del alba tiene secretos para tí,
manténte despierto.

Cada mañana recuerdo esta frase al despertarme (en el momento en que la mayoría de las personas están en media noche), y esa brisa matutina me revela secretos al alba de cada nuevo día. Usted tiene el derecho de recibir todas las bendiciones de Dios. Estar en equilibrio es uno de estos secretos. Inténtelo, y haga lo que haga, ¡manténgase despierto!

◆ ◆ ◆ ◆ ◆

Capítulo siete

Luchar contra cualquier condición adversa sólo incrementa el poder de esta condición sobre usted

(Equilibrar su deseo de vivir
en un mundo pacífico en donde
le bombardean continuamente
mensajes malignos)

"Ver y escuchar a los malvados es ya el comienzo de la maldad."

— CONFUCIO

"Todo lo bueno que usted tiene proviene de Dios. Todo lo malo, de usted mismo."

— EL CORÁN

A diario escuchamos de una multitud de fuentes que nuestro mundo está al revés, la maldad existe por doquier, y el terrorismo es una forma de vida. Las personas parecen determinadas a matarse unas a otras de formas cada vez más violentas, mientras que niños pequeños están siendo reclutados para convertirse en bombas suicidas en el nombre de Dios. La radio, la televisión y las noticias del Internet distribuyen una cascada infinita de las inhumanidades del hombre hacia el hombre, miembros de familia que enloquecen, adolescentes que provocan matanzas en sus escuelas, y células de terror que atacan la conciencia de la Tierra en todos los lugares, desde una estación de tren hasta los sitios destinados a los cultos religiosos.

Podría seguir y seguir describiendo las formas en que estamos bombardeados continuamente por los medios de comunicación, pero me voy a detener ahora mismo porque estaría violando la premisa central de este capítulo. La esencia de lo que trato de explicar aquí es que *pareciera* como si viviéramos en un mundo totalmente desequilibrado, en donde nuestros deseos de paz se vieran constantemente desafiados por una miríada de energías no pacíficas, que son consideradas dignas de ser noticias. Pero tenemos una opción respecto a esto. Y podemos optar por realinearnos energéticamente con nuestro deseo de vivir en este mundo de manera pacífica, independientemente de lo que esté sucediendo a nuestro alrededor, y a pesar de la energía no pacífica a la que estamos tan a menudo sometidos.

Podemos comenzar por decidir mantener una existencia tranquila en nuestro interior aunque los demás promuevan miedo, ira y odio con relación a este violento planeta. Después de todo, un esfuerzo colectivo masivo a través de la historia de la humanidad —de parte de aquellas personas que tienen posiciones de autoridad— les ha enseñado a los individuos a quiénes deben temer, y peor aún, a quiénes deben odiar. Si hubiéramos vivido en Norteamérica en el año 1750 y la década subsiguiente, nos habrían dicho que era nuestro deber como patriotas odiar a los franceses, así como a los indios nativo americanos. Veinticinco años después, nos hubieran dicho que estaba bien dejar de odiar a los franceses, pero que ahora tendríamos que comenzar a odiar a los ingleses. Ahora adelantémonos rápidamente ochenta y siete años, y si hubiéramos vivido en el sur, nos dirían que odiáramos a los del norte, y a los del norte igualmente se les requería odiar a los sureños, incluso si eran consanguíneos. (Y por cierto, ya no era necesario que odiáramos a los ingleses.)

Ahora adelantémonos treinta y cuatro años, ya no era necesario odiar a los españoles, y además era aceptable de nuevo amar a aquellos que vivían en una latitud diferente en nuestro propio país. Veinte años después, era correcto amar a los españoles, pero era obligatorio odiar a los alemanes, y justo unas décadas más tarde, los japoneses se sumaban a nuestra lista de personas obligados a odiar. Luego estaba bien que dejáramos de odiar a los alemanes y a los japoneses, pero teníamos que odiar a los comunistas, ya sea que estuvieran en Corea del Norte o en Vietnam del Norte varios años más tarde.

En otras palabras, siempre ha habido un grupo de personas añadidas o borradas del inventario del odio. Por mucho tiempo, se nos requería odiar a los rusos, a los iraníes, podíamos amar a los iraquíes, pero sólo durante un corto período de tiempo. Luego invertimos la lista del odio: Nos obligaron a odiar a los iraquíes que anteriormente amábamos, y era correcto amar a los iraníes a quienes hacía solamente diez años antes nos habían dicho que debíamos odiar. Luego llegó el Talibán, y categorías aún más oscuras tales como los terroristas a quienes nos habían pedido que amáramos, e insurgentes, fueran quienes fueran, eran ahora objetivos obligatorios de nuestro odio.

¡Y sigue interminable esta letanía de odio! Los rostros cambian, pero el mensaje permanece. Nos dicen a quién odiar, nunca reconociendo que el enemigo que se supone que odiemos no es una nacionalidad, *¡el enemigo es el mismo odio!*

Retírese de todas las listas de odio

Arthur Egendorf, al escribir *Healing from the War,* (Curarse de la guerra), ofrece este consejo relacionado con nuestros esfuerzos de reequilibrar nuestra vida y vivir en paz:

Solamente juntos crearemos una cultura que invalide los ciclos de batallas y retiradas, no a través de nuestro miedo a la guerra sino a través del dominio de una forma elevada de vida.

La esencia de esta cultura es la determinación interna de los individuos, y luego de pequeños grupos y comunidades, de dedicar nuestras vidas a la visión más grandiosa de todos los tiempos: no esperar que llegue un día un salvador que nos entregue leyes; no esperar que un gobierno pase leyes verdaderamente justas; no esperar que una resolución corrija las maldades de un mundo cruel: y no armar una cruzada para derrotar una fuente de maldad más allá de nosotros mismos. Cada uno de nosotros, uno a uno y con los demás, es responsable de crear alegría a lo largo de su vida, aquí y ahora. Y una vez que este propósito se convierte en primordial, podemos tornarnos hacia la labor interminable de brindarles bienestar a los demás, justicia e integridad a nuestro gobierno, e instituir programas constructivos para el cambio aquí y en todas partes. Cuando estamos inspirados de tal forma, no tenemos que esperar el resultado final para sustentarnos. No hay forma más excelente de vivir o de morir.

Las palabras que más me llaman la atención de esta sagaz observación son: "Cada uno de nosotros, uno a uno y con los demás, es responsable de crear alegría a lo largo de su vida, aquí y ahora." Le sugiero que la cosa más importante que puede hacer para crear alegría es retirar el odio de su conciencia interna. Esto puede sorprenderlo, pero por favor piense profundamente en ello. Las personas que odian la guerra son tan responsables por la presencia de la guerra, como aquellos que odian a sus enemigos del momento y luchan para matarlos. Aquellos que odian el crimen son parte del problema criminal. Aquellos que odian el cáncer, convierten al cáncer en un enemigo y se convierten en parte del problema del cáncer.

Como todo lo demás en este libro, el secreto de reequilibrar la vida no es necesariamente cambiar su conducta tanto como lo es alinearse usted mismo y *crear una cultura que invalide los ciclos de batallas y retiradas.* Cada vez que usamos la fuerza para resolver nuestras disputas, creamos instantáneamente una fuerza opositora. Esto es en gran parte responsable de los ciclos interminables de guerra que han definido la historia de la humanidad. Fuerza, fuerza opositora, más fuerza y las batallas siguen, generación tras generación. Esto también es cierto en su interior: Un pensamiento de odio crea un pensamiento de venganza, y luego más pensamientos de odio como respuesta. Y el problema real es que estos pensamientos de odio y venganza comienzan a definir su existencia. Se convierten en su punto de atracción.

Su deseo inicial de vivir en paz, en un mundo en donde los informes de los medios de comunicación se han vuelto frenéticos, es un deseo equilibrado espiritualmente. En sus deseos de paz no florecerán pensamientos de odio, y la razón de esto ha sido repetida a lo largo de este libro: *Usted atrae más y más de lo que desea erradicar.*

Romper el ciclo

Usted se puede liberar de pensamientos de odio a pesar de las noticias de los medios, impulsados por una mentalidad de obtención de ganancias. Mientras más entre en el ciclo del odio, más se benefician aquellos que venden esos mensajes. Pero usted puede decidir que será un instrumento de alegría. Entonces, ¿cómo reacciona un instrumento de alegría ante una cacofonía de noticias estruendosas y perturbadoras? Si usted está en equilibrio, lo más probable es que sea capaz de acceder al lugar de amor y paz que usted es. Recuerde su misión y su deseo de estar en equilibrio y en paz, afirmando que aunque millones de personas elijan el odio, esto sencillamente no es su asunto. Usted no decidió encarnar en un mundo en donde todo el mundo tuviera la misma visión. Sus pensamientos giran hacia: *Soy una creación divina; decido permanecer conectado con esta divinidad en todos mis pensamientos y en todas mis acciones.*

Entonces, ¿qué hace cuando escucha sobre personas que han muerto en una explosión terrorista, u otro tipo de acciones que son decididamente no pacíficas? Esto es lo que me repito que debo pensar y digo: *Deseo sentirme bien (divino), yo no me suscribí a la guerra o a los pensamientos bélicos. Soy un instrumento de paz; y les envío pensamientos de paz y amor a aquellas personas y a aquellos lugares del mundo en donde lo necesitan tan desesperadamente. Rehúso colaborar con la energía del odio en ningún lugar, ni en ningún momento.* La alternativa para este tipo de pensamientos pacíficos es la ira, el odio y el miedo, los cuales se alinean perfectamente con

la energía que es tan desagradable, y su reacción inmediata es buscar venganza. Se establece una fuerza opositora y usted se alinea con la misma energía del odio que le causó que se sintiera mucho menos que en paz.

¿Qué tal si, como respuesta a los terroristas suicidas, les tendiéramos la mano a los heridos y nos condoliéramos por los muertos, pero no hiciéramos pública la tragedia con primicias informáticas? ¿Qué tal que nadie informara las consecuencias de este tipo de violencia? Ningún informe en las noticias. Ninguna filmación. ¿Qué tal que decidiéramos respetar el dolor de los familiares y de los sobrevivientes al no comercializar las escenas de su dolor? ¿Qué tal que este tipo de ideas surgiera cuando se llevaran a cabo este tipo de actos de odio?

Las personas que cometen estos incidentes están actuando según sus propios pensamientos de odio, esperando que los demás respondan a semejanza, y que el odio siga constante. Pero si eso ya no fuera una noticia, si nadie les prestara atención, sus actos necesariamente tendrían que llegar a detenerse. Usted, personalmente, puede ser una de esas personas que se rehúse obstinadamente a añadir pensamientos de baja energía al odio que observa. Al hacer esto, puede contribuir a terminar con el odio. Usted rompe el ciclo de violencia en el mundo, no odiando la violencia, sino siendo su propio instrumento de paz.

Optar por experimentar la paz al enfocarse en lo que desea promover

El pasaje del Santo Corán al comienzo de este capítulo declara que *todo lo bueno que usted tiene proviene de Dios* y que *todo lo malo, proviene de usted mismo*. Al tener acceso a su energía más elevada, usted puede procesar los eventos desequilibrados que crean los seres humanos desde una perspectiva de la realización de Dios. No hay odio en Dios; sólo hay amor. Usted puede experimentar la paz equilibrando todo lo que transpira a su alrededor con su conciencia divina. No hay nada que requiera que usted reaccione a la maldad con una respuesta mental no espiritual. Usted tiene la opción de poner su energía mental en lo que desea, y al hacerlo, crea un nuevo mundo.

Déjeme decirle cómo he optado por responder al bombardeo de mensajes que se enfocan en todo lo que está mal en el mundo. Primero, me recuerdo que por cada acto de maldad, hay millones de actos de bondad. Opto por creer que las personas son buenas en esencia y que al permanecer bajo este sistema de creencias, ayudo a que fructifique más esta conciencia. Cuando una cantidad suficiente de personas entre nosotros asumamos esta noción sagrada de que todo lo bueno que tenemos proviene de Dios, aprenderemos a vivir colectivamente en esta percepción de paz.

En segundo lugar, sé con certeza que ninguna cantidad de odio en mi corazón traerá jamás la paz. El odio sólo contribuye a que haya más presencia de esas energías destructoras creadas por el hombre. Entonces, opto por colocar mi atención en lo que promuevo, y en sentirme *bien,* o sentirme *Divino.* Apoyo la paz, no la guerra. Tal como lo señaló Albert Einstein en una ocasión: "No soy solamente un pacifista, sino además un militante pacifista. Nada acabará jamás con la guerra a menos que las personas rehúsen ir a la guerra." Yo, como receptor del Premio Einstein de la Facultad de Medicina Albert Einstein de la Universidad de Yeshiva, añadiría con humildad, "... y a menos que las personas rehúsen a volver a tener pensamientos bélicos."

En su libro, *Long Walk to Freedom (La larga jornada hacia la libertad),* Nelson Mandela escribió: "Para hacer las paces con un enemigo uno debe trabajar con ese enemigo, y ese enemigo se convierte en nuestro compañero." Yo sé que todos somos compañeros al ser hijos de Dios. Así es como pienso, y cuando veo una escena de un mundo que está confundido porque muchos han olvidado esto, aún así opto por sentir la presencia de Dios en mí y sé que eventualmente aprenderemos a vivir colectivamente de esta manera. Pero todo comienza con cada uno de nosotros, rehusando a ser instrumentos de la no paz en todos nuestros pensamientos, y en consecuencia, en todas nuestras conductas.

El sucesor designado de Adolfo Hitler, Hermann Goering, es citado en el *Diario de Nuremberg,* con estas palabras:

> Porque claro, la gente no desea la guerra... Pero después de todo, son los líderes del país los que determinan las políticas y siempre es una cuestión sencilla arrastrar a la gente hacia esto, ya sea una democracia, o una dictadura fascista, o un parlamento, o una dictadura comunista... con voz o sin voz, la gente puede ser

conducida bajo las órdenes de los líderes. Es muy fácil. Lo único que uno tiene que hacer es decirles que han sido atacados, y denunciar a los pacifistas por su falta de patriotismo, y exponer el país al peligro. Funciona de la misma forma en cualquier país.

Yo opto por no ser uno de los que son arrastrados. Rehúso dejarme conducir bajo las órdenes de cualquier líder que intente convencerme de que mis creencias de paz son antipatriotas. Cuando le preguntaron a un oficial anónimo del Pentágono por qué los militares estadounidenses censuraron las grabaciones gráficas de la Guerra del Golfo, él respondió: "Si dejáramos que la gente viera este tipo de cosas, jamás volvería a haber una guerra."

Y bien, esta es mi meta... vivir en un mundo en donde los pensamientos bélicos sean imposibles, porque hemos colocado toda nuestra energía mental en lo que promovemos en vez de en lo que odiamos. El ex-presidente

Dwight Eisenhower, quien también fue comandante de los Aliados en la Segunda Guerra Mundial, dijo en una ocasión:

> Toda arma jamás construida, toda nave de guerra que jamás haya zarpado, todo proyectil que haya sido jamás disparado, en el sentido final, es un robo a aquellos que están hambrientos y no tienen alimentos, a aquellos que tienen frío y carecen de vestimentas. Este mundo de armas no está gastando solamente dinero. Está gastando el sudor de sus obreros, el genio de sus científicos, la esperanza de sus niños. Esto no es en absoluto una forma de vida en ningún sentido verdadero.

Esto es una llamada a equilibrarnos a nosotros mismos y a nuestro mundo. La paz exige un pensamiento heroico y una pureza de conciencia. Cuando recuerdo esto, permanezco en mi deseo personal de llevar una vida en la realización de Dios.

En tercer lugar, cuando veo y escucho la maldad, me recuerdo: *No me inscribí para venir a este mundo a ser parte del odio. Aunque otros obviamente lo hayan hecho, me recuerdo que debo permanecer con el sentimiento interno de la paz que me llama, y rodeo con la misma energía de luz a aquellos que creen en la maldad.* En mis pensamientos, me rehúso a ir a la guerra. Opto por ser un faro de luz para los sitios de oscuridad que están despojados de este tipo de energía de luz.

Finalmente, cuando me siguen enviando informes de violencia, me recuerdo una y otra vez que tenemos opciones para responder a todo esto. Sé que sintiendo odio como respuesta al odio, tan sólo contribuyo a la presencia de odio en el mundo, y también me conduzco a mí mismo a un lugar alejado de la realización de Dios. Tal como nos dice un antiguo proverbio chino: "Si usted decide perseguir la venganza, más le vale que cave dos tumbas."

Sé que tenemos la opción de poner nuestra energía en demostrar nuestro amor a Dios amándonos los unos a los otros. Y sé que tengo la opción de ver todo lo bueno del mundo en vez de ver todo lo malo. Cuando esas comunicaciones de violencia y odio me llegan por todos lados, oprimo el botón de silencio o incluso el de apagado, y recuerdo lo que dijo una vez el Dalai Lama:

La compasión y el amor no son simples lujos.
Al ser la fuente tanto de la paz interna como
de la externa, son fundamentales para la
supervivencia continua de nuestras especies.

Estas son palabras en extremo valiosas para describir nuestra necesidad de estar en equilibrio. Me mantengo equilibrado en esta dimensión del ser en un mundo pacífico repitiéndolas sin cesar. Sé ahora con certeza que me siento obligado a permanecer en una conciencia de compasión y amor, no sólo manteniendo mi propio equilibrio, sino además ayudando a asegurar la supervivencia continua de nuestras especies. No puede haber un llamado más grande.

Capítulo ocho

El amor es lo que queda cuando el enamoramiento se desvanece

(Equilibrar nuestro deseo de amor con los sentimientos de que no tenemos suficiente amor)

"Aquel que viene a hacer el bien, golpea a la puerta; aquel que ama, encuentra la puerta abierta."

— RABINDRANATH TAGORE

"Aquéllos que están en la búsqueda del amor solamente manifiestan su propia falta de amor, y aquéllos que no aman jamás encuentran amor, solamente aquéllos que aman encuentran amor, y ellos nunca tienen que buscarlo."

— D. H. LAWRENCE

8

El amor es algo que deseamos, y, ¿por qué no? Conforme más amor recibimos, más nos sentimos amados y mejor nos sentimos. Sentirnos bien (o Divinos) es sentirnos equilibrados y en perfecta armonía con nuestra Fuente del Ser. Obviamente, uno de nuestros deseos más elevados y más fervientes es ser recipientes de un flujo infinito de amor. Entonces, ¿qué crea este desequilibrio enorme entre lo que deseamos y lo que sentimos? Hay una ironía involucrada en la corrección de este desequilibrio y la observación de D. H. Lawrence al comienzo lo describe perfectamente.

Al igual que con todos los desequilibrios más importantes que he descrito en este libro, el reequilibrio siempre envuelve un realineamiento de la energía que no se logra simplemente memorizando estrategias, o adoptando nuevas conductas. Más bien es esencial saber qué tipo de patrones de energía vibratoria le está enviando a sus deseos. En este caso, su deseo de sentirse bien teniendo todo el amor que pueda equilibrar en su vida. Esto no puede lograrse exigiéndolo, o buscándolo fuera de usted mismo.

La clave de la cita de Lawrence es "solamente aquéllos que aman encuentran amor, y ellos nunca tienen que buscarlo." Más adelante en este capítulo retomaré estas palabras tan significativas. Sin embargo, antes de ver las formas de implementar este concepto en su vida, deseo explorar la afirmación de Lawrence que dice que "aquéllos que no aman jamás encuentran amor." Si tenemos muy poco amor, ¿significa esto, por lo menos según la interpretación de Lawrence, que nosotros *no amamos?* Examinemos este concepto.

El factor de no amar en este desequilibrio

Si usted no está recibiendo el amor que desea, creo que es una idea bastante buena que exploremos lo que está creando esta situación. Obviamente, la mayoría de nosotros desea reprocharle la falta de amor a algo externo a nosotros. Esto es una pérdida de tiempo y de energía, pero a menudo nos hace sentir bien porque el reproche parece aliviarnos el dolor, aunque sea por un corto tiempo. Sin embargo, la energía del reproche solamente le ayuda a permanecer en desequilibrio, ya sea que se reproche a sí mismo o a otra persona. Estar en equilibrio se centra alrededor de la premisa de que usted recibe en la vida las cosas con las cuales está alineado. Hasta este momento, usted lo ha leído lo suficiente como para saber que lo que quiero decir es que *¡usted recibe lo que piensa!*

Aunque usted puede justificar su condición de ausencia de amor con pensamientos de que usted no es apreciado, o decida ver el mundo como un lugar sin amor, el hecho es que usted está experimentando este desequilibrio de no sentirse bien porque no tiene suficiente amor en su vida. Esperar que los demás cambien, o esperar que haya un giro de algún tipo que se lleve a cabo en el mundo para restaurar su equilibrio, no funcionará sin su compromiso de asumir la responsabilidad de cambiar su manera de pensar. Si le deja esto a los demás, usted le entrega el control de su vida a alguien o a algo externo a usted. Y esto es una garantía segura de fracaso.

El punto que quiero enfatizar aquí, es que si tiene sentimientos de que recibe menos de lo debido en la dimensión del amor, entonces es porque ha alineado sus pensamientos y conductas con la falta de amor. ¿Cómo es que usted hace esto? Dejando de corresponder a su deseo de amor con pensamientos que armonizan con este poderoso deseo, por ejemplo: *Nunca he sido capaz de mantener una relación amorosa. No soy lo suficientemente atractivo como para que me amen de la forma en que deseo ser amado. La gente es cruel y se aprovechan de mí. Por todos lados veo hostilidad e ira. Este es un mundo poco afectuoso en donde el amor escasea.*

Todos estos pensamientos (y otros similares) crean un punto de atracción que está bastante fuera de equilibrio, con un deseo de recibir amor abundante. Usted atrae en su vida precisamente lo que está pensando, y sin darse cuenta se acaba de afiliar al "Club de la falta de amor" con una membresía que incluye una gran mayoría de toda la población, o sea, la gente que siente que recibe menos de su cuenta de amor en sus corazones vacíos. Todo esto es reversible cambiando su alineación, y quitando la resistencia a la realización de su deseo de amor. Usted comienza por terminar su búsqueda del amor.

No más búsqueda

Entonces, ¿qué es lo quiere decir el poeta con "aquéllos que están en la búsqueda del amor, solamente manifiestan su propia falta de amor"? Bien, cuando usted busca algo, siente que está ansiando algo que le hace falta en su vida. Si es amor, por ejemplo, lo que en realidad está diciendo es: *Estoy experimentando falta de amor, y en mi búsqueda espero llenar este vacío.* Pero el problema con este enfoque es que en vez de llenar el vacío, lo desequilibra aún más, y la falta de amor sigue presente en su vida. ¿Por qué? Porque usted está más inclinado hacia la falta de amor que hacia la situación de recibir amor. Sus pensamientos están enfocados en encontrar lo que le hace falta, mientras su deseo es que el amor fluya en su vida.

Este tipo de desalineamiento sigue atrayendo más de lo que le hace falta. Lo que usted piensa es en el amor que le hace falta. El Universo coopera correspondiéndole en vibración exactamente con lo que está pensando. ¿Cómo es que el Universo hace eso? Pues es correspondiendo puramente su vibración con sus pensamientos a través de la Ley de Atracción.

Usted debe apagar las luces de rastreo, dar de baja la sesión de búsqueda, y reemplazar esto por la energía de pensamientos amorosos: una sabiduría interna de recibir amor. Usted se origina de un lugar del Espíritu que es definido por el amor. Cuando usted comienza a reequilibrar su vida de forma que su deseo, y la forma en que usted piensa y se conduce conforman una relación amorosa, se da cuenta de que su deseo es realmente la realización de Dios.

El anhelo de amor es el anhelo de convertirse más como Dios en sus pensamientos. Bajo esta percepción, usted se da cuenta muy pronto de que esta búsqueda fuera de usted, de lo que usted ya es, es totalmente absurda. Nadie puede ofrecerle esto; tal como lo dice D. H. Lawrence: "aquéllos que no aman jamás encuentran amor." Esto ocurre porque el que no ama está enfocado en que *no tiene* lo que desea, en vez de enfocarse en lo que ya es.

Además, aquéllos que no aman creen que son indignos del amor que desean, y ¿adivine qué? Ellos siguen atrayendo más evidencia de su indignidad. Cuando se apagan las luces de rastreo, y la búsqueda individual entra en reposo, usted puede poner su atención en equilibrar los medios auténticos que están a su disposición para recibir amor en abundancia. Esta es entonces la ironía. Y está resumida perfectamente en la conclusión del poeta cuando dice que "solamente aquéllos que aman encuentran amor, y ellos nunca tienen que buscarlo."

Convertirse en el amor

Tal como lo sugiere este capítulo, mi definición de amor va más alla del intenso deseo y de la emoción reconocidamente deliciosa que usted experimenta cuando se enamora locamente por primera vez. Estas pasiones enardecidas terminan por desvanecerse, y lo que queda es el amor auténtico, o el equilibrio que ha estado buscando. ¿Y cuál sería un ejemplo perfecto de esto? Es amar tal como lo hace Dios, extender hacia los demás la compasión que define su propia naturaleza, cuando quiera y dondequiera que sea posible.

El amor de esta naturaleza lo lleva a olvidarse de su propio ego, y a querer lo que desea para usted, aún más para los demás. Así es como parece funcionar el acto de la creación. Su Creador no le pide nada a cambio de la vida, le es dada libre y abundantemente, y nadie es excluido. Usted no tiene que pagarle a Dios por haberle dado esta vida o por el aire que necesita para vivir, o por el agua que bebe para su propia subsistencia, o por el sol que lo sustenta. Sin alguno de estos ingredientes ofrecidos gratuitamente, usted no podría seguir existiendo. Este es el amor que Dios le ofrece.

Con el fin de equilibrar su vida y merecer más el amor, usted debe corresponder sus pensamientos y conductas con los de su Fuente, siendo amor como lo es Dios. Esto quiere decir: advertir cuando se siente inclinado a juzgarse o a juzgar a los demás como si usted o ellos fueran indignos de ser amados. O sea, suspender su necesidad de estar en lo correcto propiciando la amabilidad hacia usted y hacia los demás, y extendiendo deliberadamente esta amabilidad hacia todas partes. Esto quiere decir amarse a sí mismo y a los demás, en vez de exigir amor. Quiere decir que su gesto amoroso de amabilidad es sincero porque el amor fluye en su interior, no porque desea nada a cambio. ¿Le parece una meta demasiado elevada? No lo es en realidad, a menos que usted crea que será difícil.

Merecer el amor es propio de su estado natural, y su ego no es parte de este estado. El

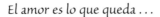
ego domina porque usted se ha separado de su Ser Divino, el ser amoroso que vino a este mundo desde un lugar de amor incondicional perfectamente Divino. Usted lleva consigo esta idea del ego de su propia importancia, de su necesidad de estar en lo correcto, durante tanto tiempo que se ha engañado hasta creer que usted es su ego. No puede haber desequilibrio más evidente, ¡usted ha optado por la creencia en una pura ilusión! Al permitir que esta ilusión sea la fuerza dominante, usted ha creado, a través de su ser centrado en el ego, un fuerte desequilibrio en su vida.

El resultado es que usted desea sentir amor, amor verdadero, el amor que es la pura esencia de su ser, el amor que es usted, pero usted siente vacío en vez de amor. ¿Por qué ocurre esto? Porque el vacío puede solamente llenarse con amor, abriendo su conexión del corazón al espíritu del amor que se origina aunque usted no sepa en dónde, pero lo siente en su interior. Es *su* espacio vacío y

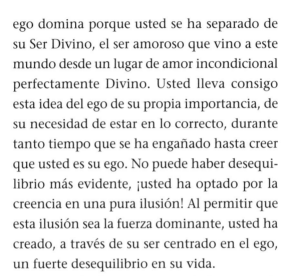

no el de nadie más. Por lo tanto, solamente *usted* puede llenarlo. Su objetivo es pedirle al amor que está en su interior que manifieste su presencia, que tenga una percepción de su ser tan llena de amor que esto sea lo único que usted desee ofrecer. Esto es todo lo que tiene que hacer: pedir y recibir. Al hacer esto, usted atrae más de lo que está ofreciendo.

Usted sólo puede ofrecer lo que tiene en su interior

La restauración de este desequilibrio depende de su determinación de reconectarse a su Fuente del ser y de convertirse en un instrumento de amor. Usted debe comprometerse, de ahora en adelante, a verse exclusivamente en términos de amor, y de invitar al amor a que lo acompañe las 24 horas del día, todos los días. La siguiente es una afirmación que lo ayudará a mantenerse en su camino: *Espíritu Santo, guíame ahora.* Esta sencilla pero poderosa declaración lo alinea con el amor. El menosprecio o el rechazo hacia sí mismo no pueden desvirtuar este equilibrio, puesto que usted sólo tiene amor para dar. Cuando usted ofrece menosprecio o rechazo hacia usted o hacia los demás, usted concuerda en vibración con esas energías, y ellas siguen apareciendo en su vida.

Muchas personas les reprochan a los demás (o a un mundo carente de amor y afecto) la ausencia de amor que están recibiendo en comparación con lo que desean. Cualquier disparidad que existe entre el amor que usted desea y lo que en verdad está recibiendo es como la imagen de un espejo, un reflejo de sus pensamientos. Ofrezca odio y recibirá odio, ofrezca amor y éste manará continuamente en su vida.

Imagínese un envase del tamaño de su corazón. Este envase es la única fuente de todos los pensamientos. Cada vez que piensa en algo, debe acudir al recipiente, seleccionar un pensamiento, y enviarlo al mundo.

Usando esta metáfora, lo esencial no es seleccionar sencillamente pensamientos positivos
y amorosos y así retornar su mundo al equilibrio. Lo esencial es lo que está en el envase,
o sea, lo que está en el depósito del corazón
en su interior para ofrecerle a los demás. Este
envase en su interior está conectado a un
suministro ilimitado de amor: amor hacia sí
mismo, amor por el mundo, amor a la vida,
amor a los demás, y el más importante de
todos: amor a la Fuente de su ser. Entonces,
esto es todo lo que tendrá disponible para
ofrecer y, en consecuencia, todo lo que le será
retornado.

Se dice que la diferencia entre todos
nosotros que vivimos en niveles ordinarios de
la conciencia humana y aquéllos que llamamos
santos, es que ellos jamás se olvidan de Dios
ni un sólo instante. Ellos se sienten alegres
cuando la vida es difícil, pacientes cuando
los demás están impacientes, y amorosos
cuando los demás responden con odio. ¿Por
qué? Debido a lo que hay en ese envase. Las

personas ordinarias tienen un envase del cual arrancan pensamientos amorosos bajo ciertas circunstancias. Los santos tienen una vasija interna con nada más que amor, en la cual y de la cual sólo el amor fluye con libertad.

Entonces en lugar de cambiar simplemente sus pensamientos con el fin de volverse más pacífico y amoroso, ¿por qué no proyectarse hasta la luna y pensar como el santo que usted es? Enfóquese en ese envase en su interior. Cuando dice continuamente: *Espíritu Santo, guíame ahora,* usted ve ese envase desbordando de tantos pensamientos amorosos, que es imposible que la negatividad en cualquiera de sus formas le altere su equilibrio interno.

Cómo luce el amor a través de los ojos de un niño

Estas son unas cuantas joyas que describen lo que es el amor, desde la perspectiva de un grupo de niños entre los cuatro y los ocho años. Cuando trabaje en reprogramar la "barra de equilibrio del amor" en su vida, considere estos pensamientos refrescantes respecto a lo que es el amor.

◆ *Cuando alguien te ama, suena distinta la forma en que pronuncia tu nombre. Tú sabes sencillamente que tu nombre está seguro en su boca.*

◆ *Amor es cuando sales a comer y alguien te regala la mayoría de sus papas a la francesa sin pedirte las tuyas a cambio.*

◆ *Amor es cuando mi papi le hace café a mi mami y lo prueba antes de dárselo para asegurarse de que está sabroso.*

◆ *Amor es cuando mi mami le da a mi papi la mejor presa del pollo.*

◆ *Durante mi recital de piano, yo estaba en el escenario y estaba asustado. Miré a todas las personas que me veían y luego vi a mi papi saludándome con su mano y sonriendo. Él era el único. Ya no estaba asustado.*

Y mi favorita:

◆ *Amor es lo que está contigo en la Navidad cuando dejas de abrir los regalos y escuchas.*

Ahí lo tiene. Observe en su interior y a su alrededor. Escuche. El amor es lo que queda cuando el enamoramiento se desvanece porque el amor es una fuente inagotable. Ofrézcalo libremente. Comparta sus papas a la francesa. Dele a alguien la mejor presa del pollo. Salude y sonríale al Universo y pronto comprenderá lo que Victor Hugo quiso decir cuando observó: "El amor es reducir el universo a un solo ser."

◆ ◆ ◆

No sólo el amor es lo que queda cuando el enamoramiento se desvanece, sino que además el amor define la Fuente de la cual todos emanamos. Elizabeth Barrett Browning describe poéticamente el final de la vida como el regreso al puro amor:

¿Adivina quién os sostiene ahora? —
"La muerte," dije yo.
Mas, entonces, sonó la respuesta plateada—
"No la muerte, sino el amor."

Y así parece entonces que el amor es también todo lo que verdaderamente queda cuando este cuerpo se acaba.

Capítulo nueve

La Tierra está colmada del Cielo

(Equilibrar su vida espiritual con su vida material)

"La vida en el mundo y la vida en el espíritu no son incompatibles."

— LOS UPANISHADS

"...la mayoría de los hombres viven sin estar perfectamente conscientes de que son seres espirituales..."

— SØREN KIERKEGAARD

9

El Cielo no debería ser un lugar del cual uno piensa que es a donde llegará una vez que deje este plano terrestre. Más bien, me parece, que a usted le gustaría experimentar el Cielo aquí en la Tierra. Tal como lo sugiere el título de este capítulo (extraído de un poema de Elizabeth Barrett Browning), la Tierra está colmada del Cielo. Pero, ¿observa usted al Cielo en su vida diaria? ¿Siente que está en un mundo Celestial? Si su respuesta es negativa, entonces está en desequilibrio. Es probable que usted se enfoque primordialmente en su mundo físico, prestándole poca o ninguna atención a la parte celestial de su existencia terrenal.

Cómo luce este desequilibrio

Cuando usted deposita la mayor parte de su energía vital en el mundo material, usted está por lo general preocupado por sus "cosas," y siente como que nunca logra avanzar en el juego de la vida. Virtualmente toda su energía mental está enfocada en lo que tiene o en lo que no tiene. Evalúa su propio valor basado en los asuntos materiales tales como qué clase de auto conduce o qué tan a la moda se viste. ¡Hasta podría sentirse inferior porque otras personas tienen *más* cosas! Este desequilibrio entre el mundo espiritual y el material significa usualmente que el endeudamiento es su forma de vida. Su deseo de tener cosas materiales más grandes, mejores y más costosas, lo lleva a pedir prestado dinero y a comprometerse con grandes obligaciones financieras. Antes de que se haya dado cuenta, la deuda excede su habilidad de pagar esas adquisiciones materiales.

Cuando usted se involucra demasiado con lo físico, al punto de excluir lo espiritual, usted pone un fuerte énfasis en ganar, en convertirse en el número uno y en compararse con los demás. Preocuparse por los aspectos materiales de la vida lo lleva a observar la vida de manera superficial, en donde las apariencias son percibidas como más importantes que la esencia. De hecho, la apariencia sustituye los sentimientos. Lo que los demás piensan es la herramienta de medición más importante, y lo que logra obtener según los estándares impuestos externamente, se convierte en lo máximo.

Un aspecto devastador del desequilibrio entre lo espiritual y lo material es la cantidad de tiempo y de energía mental gastados en consideraciones monetarias. El dinero se convierte en el estándar más importante para la evaluación de todo, incluyendo su felicidad, su paz inferior y los sentimientos de su valor como ser humano: *¿Cuánto vale? ¿Cuánto*

cuesta? ¿Puedo pagarlo? ¿Mantendrá su valor?
¿Debo asegurarlo? ¿Qué tal que me lo roben?
¿Podría costear un reemplazo?

Su mundo interior está atiborrado con pensamientos de precios y valores en efectivo. En su balanza imaginaria, el lado más pesado se inclina con pensamientos que emergen de una conciencia en donde la apariencia, el desempeño y las adquisiciones son todo lo que usted advierte. Esta conciencia le impide reconocer que aquí mismo, ahora mismo, y dondequiera que resida, está colmado del Cielo. En vez de observar el Cielo en la Tierra, está condenado por un proceso de pensamientos para vivir las consecuencias de esta visión desproporcionada de la vida.

El impacto del desequilibrio

Cuando usted está en desequilibrio, con la vida inclinándose con pesadez hacia el lado material de la balanza, usted paga un precio muy alto. La consecuencia más seria es que se ve a sí mismo de una manera falsa. Su verdadera esencia es espiritual, en vez de física, pero usted es incapaz de reconocerlo. Su ser infinito nunca nace y nunca muere. Cuando usted inclina la balanza a favor del mundo material, se identifica con un aliado inestable que está siempre cambiando. Su cuerpo, sus posesiones, sus logros y sus finanzas son todas efímeras. Van y vienen como el viento. Cada vez que usted piensa que ha llegado donde quería, ya sea en la apariencia física o en cantidades de dinero, algo cambiará. En estos aspectos, usted siempre retornará a alguna forma de sufrimiento, inseguridad y ansiedad.

Su preocupación por estar inclinado tan materialmente en su balanza, lo llena de estrés y angustia. La obsesión por su cuerpo y por la forma en que luce se convierte en amargura y ansiedad al pasar por el proceso envejecimiento y dejar lo que usted creía era su "verdadero yo" tan sólo como un recuerdo del pasado, una ilusión que no puede capturarse de nuevo jamás.

De manera similar, sus posesiones se desgastan, se vuelven anticuadas, pierden su valor o sencillamente desaparecen. Debido a su desequilibrio en esta dimensión, usted termina por sentirse vacío, sin sentido por la vida y engañado. Tanto trabajo y dedicación para lograr sus adquisiciones, logros y reputación se convierte en algo casi absurdo. El resultado es desilusión, arrepentimiento y quizás hasta hostilidad hacia el mundo. Pero no es la culpa del mundo, toda esta ansiedad que conduce al estrés es evitable si opta por equilibrar la balanza entre lo material y lo espiritual. Solamente un equilibrio, una repartición equitativa entre estos dos aspectos, es todo lo que tiene que lograr.

El título de este capítulo: "La Tierra está colmada del Cielo," quiere decir que todo está aquí mismo, ahora mismo, no en otro lugar, en un futuro distante dentro de muchos años, o después de la muerte de su ser físico. El cielo está aquí mismo, ahora, en este momento... cuando encuentre su punto de equilibrio.

Emparejar la balanza

El cielo es un estado mental, no un lugar, ya que el Espíritu está en todas partes y en todas las cosas. Usted puede comenzar por emparejar su vida material y espiritual tomando la decisión consciente de buscar el desarrollo del Espíritu en todas las cosas, y en todas las personas con quienes se relaciona. Personalmente hago este esfuerzo de ver al mundo como si estuviera observándolo a través de lentes que filtran la forma y el contenido de todos los aspectos materiales que veo, y solamente puedo ver la energía espiritual que permite que existe lo que estoy viendo. Intente ponerse estos lentes mágicos y vea lo distintas que las cosas aparecen ante sus ojos. El mundo de la naturaleza es un lugar idóneo para comenzar este experimento.

— **La naturaleza.** Cuando usted observa un árbol sin estos lentes imaginarios que filtran la forma, puede ver ramas, hojas y a lo mejor mangos o ciruelas. Con estos nuevos y encantadores lentes, las líneas que conforman el árbol se disuelven y hay una energía vibrando tan rápidamente que le proporcionará una nueva perspectiva al árbol. Usted ve los espacios entre las hojas y advierte el silencio de la ahora difunta bellota, o de la desaparecida semilla de mango de las cuales emergió el primer brote de la creación, revitalizando todo el proceso que se convirtió eventualmente en el árbol que está observando.

Usted ve la continuación de este proceso dador de vida residiendo muy profundamente en el interior del árbol, que se permite hibernar en el invierno y florecer en la primera, y seguir así hasta el infinito (o por lo menos mientras dure la vida del árbol). Usted comprende que los nuevos mangos no están produciendo solamente fruta, sino también una infinidad de árboles de mango. Usted ve esta fuerza vital en únicamente un árbol, extendiéndose hacia atrás y hacia delante en una corriente interminable de creación.

Comience a ver la naturaleza con esta nueva visión, pájaros, hormigas, lagos, montañas, nubes, estrellas y todo lo demás. Profundice su visión para que ya no vea las fronteras y la forma. Aprecie el milagro que es su ambiente... al hacerlo, se equilibra.

— **Las personas.** Estos nuevos lentes le permiten ver a todo el mundo desde una nueva perspectiva. Ya no ve altos y bajos, oscuros y claros, hombres y mujeres, viejos y jóvenes, lindos y feos. Sus lentes difuminan las líneas que categorizan a las personas según las diferencias culturales o religiosas, al no ver a los demás como su atuendo o su apariencia física o el idioma que hablan. Todas las apariencias se disuelven a través de los filtros en sus lentes y en sus pensamientos, y ahora ve el desarrollo de la energía espiritual en cada persona con quien se relaciona.

Lo que observa es puro amor vibrando ante sus ojos. Ve la amabilidad personificada; ve y siente las mismas vulnerabilidades en las demás personas que siente en su interior; ve enormes hilos de energía radiante conectándonos a todos. Su nueva perspectiva lo invita a que imagine como en un juego, que dos personas lo crearon y cuatro personas crearon las dos personas que lo crearon a usted, y ocho personas crearon a las cuatro personas que crearon a las dos personas que lo crearon a usted.

Al retroceder unas cuantas generaciones más hasta la época de Abraham Lincoln, ¡hay 16000 personas relacionadas con usted que

se unieron para crearlo! Podemos imaginar
retroceder a la época de Sócrates, y tratar de
descifrar los cálculos aparentes involucrados.
Un millón de millones de personas fueron
necesarias para crear a uno de nosotros, pero
como no han existido un millón de millones
de personas, entonces de alguna manera, en
una forma matemáticamente enigmática,
estamos todos relacionados con todos. Usted
descubre que no hay nadie para juzgar, nadie
para odiar, y nadie a quien hacerle daño,
porque usted ve claramente que todos estamos relacionados. De hecho, todos somos
uno. A partir de ahí, usted puede extender su
perspectiva para incluir más de la vida.

— **Los sucesos.** En donde alguna vez
veía los ires y venires de las personas como
eventos fortuitos en el tiempo actual, confor-
mando los eventos de su vida y de las vidas
de todos los demás, sus nuevos lentes de fil-
tro le permiten ver cómo todas estas cosas

están conectadas energéticamente. Ahora usted ve una red infinita de energías tipo láser emanando de los pensamientos de todas las personas, mezclando los eventos en la vida de todos con perfección energética. Usted ve a las personas con vibraciones muy rápidas de energía correspondiendo perfectamente con la energía de la Fuente de la creación. Usted ve cómo todo se sintoniza con la Fuente de vida que todo lo crea y todo lo sabe, y ve cómo los eventos se atraen perfectamente en correspondencia vibratoria.

Usted también ve lo que parecen como accidentes, tragedias y horrores, y cómo ellos, también son correspondencias vibratorias que entran en colisión en lo que usted llama "errores," pero en realidad es el resultado de dos o más energías que se encuentran en un escenario más grande que usted no podía ver previamente. Usted es testigo de una conexión de expectativas de individuos y de lo que ellos atraen en sus vidas. Con estos sorprendentes lentes, usted advierte que todos los eventos y todos los encuentros "accidentales" son increíblemente compatibles en vibración, en vez de situaciones que ocurren al azar. Con esta conciencia, usted está logrando un nivel de balance entre el espíritu y la forma.

Cómo luce la vida cuando usted tiene un balance entre el espíritu y la forma

Esto es lo que he descubierto como resultado de ser capaz de mantener en equilibrio estos dos aspectos gemelos. Ahora veo la energía espiritual en todas las personas con quienes me relaciono. Cuando me siento tentado de juzgar a alguien, me recuerdo que debo verlo a través de mis lentes especiales. Cuando lo hago, se disuelven todos los juicios negativos. Me siento más en paz sabiendo que no soy solamente este cuerpo que está destinado a ser desechado. También siento a diario el Espíritu dador de vida en mi interior y ¡esto es muy emocionante! Ahora sé que soy un ser espiritual infinito y que comparto esta energía original con todos los seres del planeta, así como con todo aquel que ha existido aquí o que existirá en el futuro.

Estar más en equilibrio espiritual y físico me proporciona la oportunidad de estar en un estado constante de gratitud y asombro. Veo milagros en todas partes. Me tomo a mí mismo con menos seriedad. Me siento conectado íntimamente con los demás. Tengo menos estrés en mi vida. Siento menos presión de satisfacer a los demás para ajustarme a una situación o tener más logros. Y la ironía de todos esto, es que ahora me desempeño a niveles más elevados porque el Espíritu fluye sin obstáculos a través de mí.

Cuando usted corrige este desequilibrio entre su ser físico y su ser espiritual se produce un cambio significativo en su vida. El título de este capítulo fue tomado de un famoso poema de Elizabeth Barrett Browning. El siguiente es un segmento del poema:

La Tierra está colmada del Cielo,
Y hasta el arbusto más ordinario está
encendido de Dios;
Pero sólo aquel que ve, se quita sus zapatos,
Los demás se sientan a sus pies y
recogen las moras...

Cuando Moisés se acercó al arbusto encendido, se quitó los zapatos y se comunicó con Dios. Usted puede cambiar su enfoque y ver con una nueva visión estimulada por sus pensamientos. Cuando lo hace, comprenderá que la poetisa está en lo correcto: *La Tierra está colmada del Cielo*. Si usted no lo cree ni lo practica, entonces al menos disfrute sentarse a sus pies recogiendo moras.

Sogyal Rinpoche declaró que "dos seres han vivido en su interior durante toda su vida. Uno de ellos es el ego parlanchín, exigente, histérico y calculador; el otro es el ser espiritual encubierto, cuya callada y sabia voz usted rara vez escucha o atiende..." Le invito a restaurar un poco de equilibrio buscando el Cielo en todas partes, y escuchando y atendiendo a ese ser espiritual que está en su interior a todo momento, suplicándole que le preste más atención.

Acerca del autor

El doctor Wayne W. Dyer es un autor reconocido internacionalmente y un orador en el campo del desarrollo personal. Ha escrito más de 20 libros, ha creado muchos programas de audio

Greg Bertolini

y videos, y se ha presentado en miles de programas de radio y de televisión. Seis de sus libros, *Manifieste su destino, Sabiduría de los tiempos, Hay una solución espiritual para cada problema,* y los libros de mayor venta del *New York Times 10 Secretos para conseguir el éxito y la paz interior, El poder de la intención,* e *Inspiración* han sido presentados en programas especiales de la Televisión Pública Nacional en los Estados Unidos.

Wayne Dyer posee un doctorado en consejería educativa de la Wayne State University y fue profesor asociado en la St. John's University en Nueva York.

Página de Internet: **www.DrWayneDyer.com**

❖ ❖ ❖ ❖ ❖

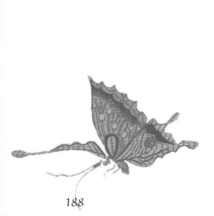

Otros títulos en español de Hay House

Aventuras de una Psíquica, Sylvia Browne

Conversaciones con el Otro Lado, Sylvia Browne

Curándote con los Ángeles: Cartas Oráculas, Doreen Virtue, Ph.D.

Dios, La Creación, e Instrumentos para la Vida, Sylvia Browne

El Fascinante Poder de la Intención Deliberada,
Esther y Jerry Hicks

Feng Shui para Occidente, Terah Kathryn Collins

Gratitud, Louise L. Hay

Inspiración, Dr. Wayne W. Dyer

Meditaciones para Sanar Tu Vida, Louise L. Hay

Un Mensaje de García, Charles Patrick Garcia

¡El Mundo Te Está Esperando!, Louise L. Hay

La Naturaleza del Bien y del Mal, Sylvia Browne

Los Niños Índigo, Lee Carroll y Jan Tober

La Oración y las Cinco Etapas de Curación,
Ron Roth, Ph.D., y Peter Occhiogrosso

Pedid que ya se os ha dado, Esther y Jerry Hicks

Pensamientos del Corazón, Louise L. Hay

La Perfección del Alma, Sylvia Browne

El Poder Contra la Fuerza, David R. Hawkins, M.D., Ph.D.

El Poder Está Dentro de Ti, Louise L. Hay

El Poder de la Intención, Dr. Wayne W. Dyer

Respuestas, Louise L. Hay

Sana Tu Cuerpo, Louise L. Hay

Sana Tu Cuerpo A–Z, Louise L. Hay

Sánese con los Ángeles, Doreen Virtue, Ph.D.

Si Usted Pudiera ver lo que Yo Veo, Sylvia Browne

10 Secretos para Conseguir el Éxito y la Paz Interior,
Dr. Wayne W. Dyer

Usted Puede Sanar Su Vida, Louise L. Hay

Vive Tu Vida, Carlos Warter, M.D., Ph.D.

¡Vivir! Reflexiones Sobre Nuestro Viaje por la Vida, Louise L. Hay

◆ ◆ ◆

Hay House USA: **www.hayhouse.com®**

Notas

Notas

Notas

Notas

Notas